C·H·Beck

PAPERBACK

W0193597

Der Nordirlandkonflikt steht derzeit im Schatten anderer, blutiger Auseinandersetzungen. Es scheint, als schreite der 1998 eingeleitete Friedensprozess voran. Tatsächlich jedoch bleibt der Antagonismus zwischen protestantischer und katholischer Bevölkerungsgruppe weiterhin unversöhnlich, das Gewaltniveau hoch. Das Buch behandelt in komprimierter Form die Wurzeln des Konfliktes seit dem 17. Jahrhundert, die Entwicklung des nordirischen Staates als unmittelbare Vorgeschichte des Bürgerkriegs und seinen Verlauf. Abschließend werden der heikle Friedensprozess und dessen Perspektiven thematisiert.

Frank Otto ist Privatdozent für Neuere Geschichte am Historischen Seminar, Universität Hamburg.

Frank Otto

Der Nordirlandkonflikt

Ursprung · Verlauf · Perspektiven

Verlag C. H. Beck

1. Auflage in der Beck'schen Reihe. 2005
2. Auflage. 2010

Originalausgabe

3. Auflage in C.H.Beck Paperback. 2014
Unveränderter Nachdruck
© Verlag C.H.Beck oHG, München 2005
Satz: Druckerei C.H.Beck, Nördlingen
Druck und Bindung: Beltz Bad Langensalza GmbH, Bad Langensalza
Umschlagentwurf: malsyteufel, willich
Karten auf den Umschlaginnenseiten: Angelika Solibieda
Printed in Germany
ISBN 978 3 406 66919 4

www.beck.de

Inhalt

Einleitung

Lange Jahre schien das nordirische Staatswesen, das 1921 ins Leben gerufen worden war, wie festbetoniert. Die protestantische Mehrheit hatte sich in einer Belagerungsmentalität eingeigelt; ihr wesentliches politisches Streben war, die katholische Minderheit im Staat von der Macht fernzuhalten, letztlich mit dem Ziel, jede Möglichkeit einer Vereinigung mit der Republik Irland im Süden auszuschließen. Die Union mit Großbritannien musste erhalten werden, um die eigene Dominanz abzusichern. Diese Methode war erfolgreich, so erfolgreich, dass die katholische Minderheit sich resignierend weitgehend aus der Politik zurückzog.

Erst als der nordirische Premierminister Terence O'Neill 1963 eine Politik der vorsichtigen Liberalisierung begann und den katholischen Bevölkerungsteil stärker in das Staatswesen einbeziehen wollte, erwachten die oppositionellen Kräfte und sammelten sich in einer Bürgerrechtsbewegung, die nach dem Vorbild der USA organisiert war. Das Aufbegehren der Katholiken blieb nicht ohne Reaktion: Im Sommer 1968 kam es bei Demonstrationen der Bürgerrechtsbewegung wiederholt zu Übergriffen der Sicherheitsorgane und des loyalistischen Mobs. Anfang 1969 eskalierten die Auseinandersetzungen in Belfast und Londonderry, wo nach Aufmärschen unionistischer Gruppen massive Krawalle ausbrachen.[1] Radikale Teile der Bürgerrechtsbewegung riefen ein *«Free Derry»*[2] aus, woraufhin Sicherheitskräfte rücksichtslos in katholische Wohnviertel eindrangen und das «Freie Derry» tagelang belagerten. Dieser Kampf um das katholische Londonderry war der Beginn des nordirischen Bürgerkriegs – die Briten sprechen euphemistisch von *«Troubles»* –, dem bis heute annähernd 3300 Menschen zum Opfer fielen, in dem 42 000 verwundet und viele Zehntausende in «ethnischen Säuberungen» aus ihren Wohnquartieren vertrieben wurden, weil sie der falschen Konfession angehörten. Die Brutalität der Auseinandersetzungen und die Unfähigkeit der nordirischen Führung nötigten die britische Regierung 1972 dazu, die Eigenständigkeit des Ulster-Staatswesens zu widerrufen und wiederum, wie vor 1921, die direkte Herrschaft zu übernehmen. Das zog auch Großbritannien in den Strudel der Gewalt – in der so genannten «*Mainland Campaign*» der IRA wurde es ebenfalls zum Schlachtfeld zahlreicher Bombenattentate, wovon nicht nur die fehlenden Papierkörbe in der Londoner U-Bahn zeugen. Eine Entspannung freilich konnte auch die britische Regierung lange Zeit nicht herbeiführen.

Seit 1998 scheint sich nun erstmals eine wirkliche Chance für eine friedliche Entwicklung in Nordirland zu bieten: In diesem Jahr kam es nach schwierigen Verhandlungen mit den Konfliktparteien zur Unterzeichnung des so genannten Karfreitags-Abkommens. Das Abkommen fand in der Republik und im Norden in der katholischen Bevölkerung große Zustimmung; bei den Protestanten Nordirlands war die Mehrheit hingegen knapp. Aufgrund des Abkommens wurde Nordirland wieder die Selbstverwaltung zugestanden, mit einem eigenen Parlament und einer Regierung, deren Erster Minister David Trimble wurde, den das Osloer Komitee gemeinsam mit dem gemäßigten nationalistischen Führer John Hume 1998 sogar mit dem Friedensnobelpreis ehrte.

Es schien, als sei der Bürgerkrieg endgültig überwunden und Nordirland auf dem Weg zu einem gesicherten Frieden. Das suggeriert auch das Ausbleiben von Katastrophennachrichten aus Ulster in den internationalen Medien. Der Eindruck trügt indessen: Die Umsetzung des Abkommens war ein quälend langsamer Prozess, der mehr als einmal zu scheitern drohte. Darüber hinaus: Im Schatten ungleich blutiger Konflikte schwelt die Gewalt in Nordirland weiter, mit immer noch beinahe täglichen Übergriffen einer konfessionellen Gruppe gegen die andere, freilich auf einem Niveau, das die Aufmerksamkeitsschwelle der auf Sensationen ausgerichteten Nachrichtenmedien nicht überschreitet. Das Risiko aber, dass der Nordirlandkonflikt wieder in diesen Wahrnehmungsbereich geraten wird, ist groß, denn die demographische Entwicklung birgt auf mittlere Sicht ein heikles Problem: Die

Indikatoren der letzten Volkszählung (2001) deuten darauf hin, dass die jahrzehntelang bestehende Situation, in der die Protestanten eine Majorität von etwa zwei Dritteln, die Katholiken die Minorität von einem Drittel stellten, sich in wenigen Jahren signifikant verändern wird, und zwar hin zu einer katholischen Mehrheit. Die Regierung in London vertritt aber seit Längerem den Standpunkt, dass sie einer Veränderung des konstitutionellen Status Nordirlands – was die Loslösung Nordirlands aus dem Vereinigten Königreich und eine Vereinigung mit der Republik bedeutet – nur zustimmen werde, wenn dies die Mehrheit der Nordiren wünsche. Diese angesichts des demographischen Wandels nun konkrete Möglichkeit rührt allerdings an der Urangst der Ulster-Protestanten, deren hartnäckiger Widerstand gegen jede Politik, die einen Schritt in Richtung einer irischen Vereinigung bedeuten könnte, getragen wurde von der Sorge, die eigene Identität in einem mehrheitlich katholischen Gemeinwesen zu verlieren.

Der Nordirlandkonflikt wurzelt nicht zuletzt in der unterschiedlichen Eigensicht der irischen Nationalisten und Unionisten: Nationalisten begreifen Irland als natürliche Einheit, in der eine Nation lebe. Zwar gehöre diese Nation unterschiedlichen Glaubensrichtungen an; dies ändere jedoch nichts an der prinzipiellen Zugehörigkeit zum irischen Volk. Um den Konflikt zu überwinden, müsse man vor allem die Unionisten von dieser Tatsache überzeugen, womit sich dann auch ihre Zustimmung zur Vereinigung Irlands ergeben würde. Unionisten hingegen gehen von zwei Nationen aus, die in Irland existieren. Dabei betrachten sie sich selbst als Angehörige der britischen Nation. Eine derartige Identität könne man nicht «wegdiskutieren», woraus wiederum folge, dass eine Vereinigung beider Nationen unter dem Dach eines irischen Staates undenkbar sei. Ein solcher fundamentaler Dissens der Selbstwahrnehmungen erlaubt kein Urteil, das einer Seite die Richtigkeit ihrer Anschauungen bestätigen würde, es sei denn, man wäre bereit, über die Gültigkeit der einen Identität zu befinden und die andere als Wahngebilde abzutun. Es ist aber möglich und notwendig, die Kontroverse zu historisieren, d. h.

nach ihren geschichtlichen Ursprüngen zu fahnden und sie damit als etwas Gewordenes, aus bestimmten Zeitumständen Resultierendes – und eben nicht Natürliches und Ewiges – sichtbar zu machen.

Am Anfang der vorliegenden Studie wird deshalb erörtert, wie überhaupt eine britisch-protestantische Gesellschaft im gälisch-katholischen Irland entstand, warum die beiden Konfessionen sich entfremdeten und schließlich in offener Konfrontation gegeneinander standen, während andere Völker mit unterschiedlichen Glaubensbekenntnissen in Europa zu einer gemeinsamen nationalen Identität fanden. Nachdem damit die Wurzeln des Konflikts freigelegt wurden, folgt die Darstellung von Vorgeschichte und Verlauf des Bürgerkriegs, um am Ende Chancen und Risiken des Friedensprozesses zu diskutieren.

I. Ursprünge des inter-konfessionellen Gegensatzes

1. Die Installierung einer protestantischen Gesellschaft in Irland

Heinrich II. (Regierungszeit 1154–1189) war der erste König von England, der die ungeschützte Westflanke seines Reiches in Irland durch einen militärischen Vorstoß auf die Nachbarinsel sichern wollte (1171). Seitdem griffen die Engländer immer wieder auf Irland über und versuchten, ihre Macht dort dauerhaft zu etablieren. Dazu trieb sie vor allem die Befürchtung, ein feindliches Irland könne die englische Krone selbst gefährden oder gar zum Einfallstor für Invasoren vom Kontinent werden. Bis zu Heinrich VIII. (1509–1547) konnten die englischen Könige ihre Herrschaftsansprüche freilich nur in einem 30 bis 60 km breiten Küstenstreifen um Dublin herum, dem so genannten Pale, durchsetzen. Und sogar die Regierungsgewalt über das Pale wurde 1534 /35 von der großen Rebellion eines irischen Clanführers bedroht. Heinrich begann daraufhin, nachdem er die Erhebung niedergeschlagen hatte, seinen Ansprüchen Nachdruck zu verleihen, um die offene Flanke seines Reiches abzuschirmen: Er setzte erstmals einen königlichen Statthalter (*Lord Deputy*) in Dublin ein, dessen Funktionen bis dahin auf irische Adlige delegiert worden waren. Er installierte ein stehendes Heer und übernahm, als Ausdruck seines Herrschaftswillens, 1541 den Titel eines Königs von Irland. Vor allem aber zielte er auf eine Feudalisierung der irischen Autoritätsverhältnisse nach englischem Muster, indem er die dortigen Lords zwang, sich ihm zu unterwerfen und dann ihr ehemals eigenes Land aus seinen Händen als Lehen zurückzuerhalten.

Dass Heinrich VIII. mit dieser Politik indessen nur eine äußerliche Unterwerfung des irischen Adels erreicht hatte, musste seine Tochter, Königin Elisabeth I. (1558–1603), erkennen: Während ihrer gesamten Regierungszeit flammten immer wieder Aufstände in Irland auf. Als Unruheherd erwies sich vor allem die nördliche Provinz Ulster. Dort behauptete sich die überkommene gälische Herrschaftsform ungebrochen weiter und widerstand jedem Versuch der Anglisierung. Die O'Neills, Herren von Tyrone und mächtigste Clanführer Ulsters, konnten sogar etliche Raubzüge gegen das Pale unternehmen, und man vernahm Nachrichten, dass sie Verbindungen zu Englands Feinden auf dem Kontinent knüpften.

Hugh O'Neill allerdings gab sich als tadelloser Gefolgsmann der Krone und wurde 1585 von Elisabeth zum Earl of Tyrone ernannt. Das hinderte ihn jedoch nicht, einen Aufstand loszutreten, der zeitweise ganz Irland ergriff und nur mit größten Mühen niedergeschlagen werden konnte. Der Widerstandsgeist der Adligen in Ulster bildete die Basis für Tyrones Auflehnung, genährt von der wachsenden Sorge über das Bestreben, die englische Macht auf Kosten der gälischen Führer zu erweitern. Tyrone suchte daneben Beistand beim spanischen König Philipp II. Allerdings gingen die beiden zur Hilfe gesandten Flotten Philipps im Sturm verloren. 1595 begann der offene Krieg gegen die Krone. Tyrone trug den Konflikt auch in die anderen Provinzen der Insel, indem er ihn zum Kampf um das Gälentum und die katholische Religion gegen die Reformation und die Anglisierungsbemühungen der englischen Krone stilisierte.

1598 schickte Elisabeth ein starkes Heer gegen Tyrone nach Ulster, um die dort belagerte Garnison zu entsetzen; die Streitmacht erlitt jedoch am Yellow Ford eine schwere Niederlage. Nach diesem Fiasko geriet die englische Herrschaft in ganz Irland in Gefahr. Im folgenden Jahr kommandierte Elisabeth darum die mit 17 000 Soldaten größte Armee ihrer Zeit gegen die unbotmäßigen Iren, die gegen Tyrones Guerillataktik freilich ebenfalls wenig ausrichtete. Erst Charles Blount, Lord Mountjoy, Stellvertreter der Königin seit 1600, konnte den Aufständischen große Verluste zufügen: Er setzte auf eine Taktik der verbrannten Erde, verwüstete die Kernlande der Rebellion, vernichtete damit ihre Nahrungsmittelressourcen und blockierte ihre Rückzugsräume. Die solchermaßen geschwächten Aufständischen unterlagen Weihnachten 1601 in der entscheidenden Schlacht von Kinsale, trotz eines spanischen Heeres, das ihnen zu Hilfe eilte. Die Kämpfe, die englische Historiker als «Rebellion Tyrones», die Iren hingegen als «9-jährigen Krieg» bezeichnen,[1] zogen sich aber noch über ein weiteres Jahr hin, bevor der Vertrag von Mellifont vom 30. 3. 1603 den Frieden brachte.

1607 musste Hugh O'Neill, Earl of Tyrone, der ungeachtet der für ihn erträglichen Friedensbedingungen schon wieder in eine anti-englische Konspiration verwickelt war, aus Irland flüchten. Mit ihm schifften sich 100 Gefolgsleute ein. Dieses Datum ist unter der Bezeichnung «Flucht der Grafen» zu einer der vielen romantisch verklärten Niederlagen der irischen Geschichte geworden. Für die englische Administration boten die Verwüstungen des Landes nach neun Jahren Krieg und die Flucht eines großen Teils des Adels die Möglichkeit, zu einer grundsätzlichen Neuordnung der Grund- und damit der Machtverhältnisse im unruhigen Norden Irlands zu kommen. Das sollte durch die Ansiedlung protestantischer Neusiedler aus England und Schottland geschehen, die so genannte Plantation.

Lord Deputy Arthur Chichester hatte schon seit seiner Amtsübernahme 1604 eine rigorose anti-katholische Politik in Irland betrieben. Er war überzeugt, dass die langfristige Sicherheit der englischen Vorherrschaft in Irland von der Konvertierung der Bevölkerung zum Protestantismus abhänge; Katholiken könnten als Diener zweier Herren, des Papstes und des Königs, niemals verlässliche Untertanen der protestantischen Krone sein. 1608 brachen zahlreiche Aufstände gegen die in der Nordprovinz vorgenommenen Konfiskationen aus, die Chichester brutal niederschlug. Das eröffnete die Gelegenheit, das Siedlungsprojekt erheblich zu erweitern. Die Administration in Dublin schlug König Jakob I. (1603–1625) vor, ganz Ulster zu kolonisieren, da das Projekt gefährdet sei, wenn die Zahl der Einwanderer nicht die der eingeborenen Siedler übertreffe. 1610 wurde das Konzept der Besiedlungsaktion veröffentlicht: Das eingezogene Land jeder Grafschaft wurde in Bezirke unterteilt, diese wiederum in Parzellen von unterschiedlicher Ausdehnung. Die Parzellen vergab man an drei Gruppen von Kolonisatoren: Die größte Gruppe waren 100 englische und schottische Unternehmer (*Undertakers*) – ausschließlich Protestanten –, die auf jeweils 1000 Morgen (ein Morgen = 0,405 ha) Land 24 protestantische Engländer oder Schotten nebst ihren Familien ansiedeln mussten. Diesen Großpächtern, die einen niedrigen Zins an die Krone entrichteten, war es strikt verboten, Teile ihres Landes an Iren zu verpachten oder zu verkaufen. Sie hatten ferner dafür zu sorgen, dass auf ihrem Land noch ansässige Iren vollständig vertrieben wurden. Das Wesen der Plantation war die Segregation der Ethnien in Irland, wie diese Bestimmung ganz deutlich zeigte.

Die zweite Pächterkategorie stellten 50 ehemalige Offiziere der Kronarmee in Irland (*Servitors*); sie mussten keine britischen Siedler auf ihrem Grund ansässig machen, dafür aber einen höheren Pachtzins entrichten. Die dritte Gruppe schließlich waren Iren, die gegenüber der Krone Loyalität bewiesen hatten. Nur in dieser Gruppe durfte es auch Katholiken geben. Ihre Pacht war noch einmal um etwa ein Fünftel höher. Die zweite und dritte Pächterkategorie sollten ihre Ländereien zusammen in den gleichen Bezirken einnehmen. Dahinter stand die Vorstellung, die ehemaligen Offiziere seien wehrhaft genug, um das Wohlverhalten der potenziell rebellischen Iren zu sichern. Alle Arten von Siedlern mussten befestigte Plätze und steinerne Häuser bauen, je nach Größe des Bezirks. Die Auflage, befestigte Häuser zu errichten, hatte nicht nur Sicherheitsgründe, sondern sollte auch die Urbanisation vorantreiben, die ein wesentliches Ziel der Planer zur Zivilisierung Irlands war.

Weil aufgrund der Landkonfiskationen stets mit einem Aufstand gerechnet wurde, und weil die Ansiedlung neuer Kolonisten zunächst langsamer voran kam als gedacht, wandte sich König Jakob an die Stadt London, um die Basis des Vorhabens zu verbreitern. Nachdem der Magistrat der Stadt anfänglich zögerte, sich auf ein solches Unternehmen einzulassen, bekam London für seine Plantation sehr gute Bedingungen und ein großes Gebiet zugestanden: Das war vor allem die ganze Grafschaft Coleraine mit dem Hauptort Derry, die seitdem beide Londonderry heißen.

Die Plantation erfüllte allerdings die in sie gesetzten Hoffnungen der Krone nicht vollständig. Vor allem scheiterten alle Versuche, die eingesessene Bevölkerung stark zu reduzieren und den Rest von den Neusiedlern zu separieren. Weil die Großpächter aus ihren Erwerbungen möglichst schnell Profit ziehen wollten, missachteten sie ihre Verträge mit der Krone und griffen auf die Zuarbeit der ehemaligen irischen Eigentümer zurück, die sich ja schon vor Ort befanden und nicht erst aus Britannien transplantiert werden mussten. Zudem waren die Iren aufgrund ihres geringeren Lebensstandards bereit, höhere Pachten zu zahlen als mitgebrachte Engländer oder Schotten. 1619 entzog Jakob daraufhin den vertragsbrüchigen Großpächtern das Land. Sie konnten jedoch ihr Land zurückerhalten, wenn sie doppelte Pachten und darüber hinaus Strafen zahlten. Das war offenbar immer noch einträglicher, als britische Landleute anzusiedeln, denn der Großteil der Pachtverträge wurde auf diese Weise umgestaltet. Damit aber war der Plan der ethnischen Segregation offiziell gescheitert.

Insgesamt war die Einwanderung auch geringer, als die Vordenker der Siedlungsaktion erhofft hatten; bis 1620 kamen nur etwa 20000 Kolonisten nach Ulster.[2] Den Großteil der Einwanderung machten im Übrigen Schotten aus. Dass sie meistens Nonkonformisten (Presbyterianer) und also keine Angehörigen der englischen Staatskirche waren, hielt man zunächst nicht für problematisch. Erst in den 1630er Jahren, als die Krone die Zugehörigkeit zur *Church of Ireland*, dem irischen Pendant zur Anglikanischen Kirche, allgemein zu machen versuchte, wurden die nonkonformistischen Schotten in Ulster eher als Problem denn als Hilfe für die Politik der Krone angesehen.

Dass die Einwanderung geringer war als gedacht, lag auch an der ständigen Gewalt bzw. mehr noch an der Furcht vor Gewalt, die von den enteigneten und in die Wildnis abgedrängten Gälen in Ulster auszugehen schien. 1616–1619 allein wurden mehr als 300 irische Outlaws getötet oder hingerichtet, denen man vorwarf, sie hätten protestantische Siedler attackiert.[3] Dementsprechend sahen die protestantischen Siedler im frühen 17. Jahrhundert ihr Tun auch als Arbeit mit einer Hand am Schwert und einer Hand an der Axt, mit der Axt als Symbol für Rodung, d. h. Zivilisierung der Wildnis.

Im weiteren Verlauf des 17. Jahrhunderts wurden die Verhältnisse in Ulster (wie in ganz Irland) noch gründlich durcheinander geworfen. Vor allem die Rebellion von 1641, die in Ulster ihren Ausgang nahm, und die folgenden, zwölf Jahre andauernden Kriegszüge, Hungersnöte und Seuchen löschten einen großen Teil der Bevölkerung aus, erschütterten Eigentumsrechte und ließen weite Teile der Provinz veröden. Dementsprechend ist auch in der Plantation zwar die Keimzelle einer eigenen protestantischen Gesellschaft in Irland zu sehen, keinesfalls aber deren Vollendung. Dazu war die Zahl der Neusiedler, die bei Abschluss der Plantation etwa bei 34 000 lag, auch zu gering.[4] Nur in den Küstenstreifen von Down und Antrim war die wirtschaftliche Situation so, dass ausreichend Siedler einwanderten und die Plantation wie vorgesehen lief; nur dort entstand eine einheitliche und dauerhafte britische bzw. schottische Gesellschaft, die 23 neue Städte gründete, darunter Belfast.

Für die eingesessenen Gälen im Norden hatte sich infolge der Plantation meistens nur der Landbesitzer verändert, von dem sie ihr Stückchen Land pachteten. Allerdings konnten sie sich mit der Situation trotzdem nicht zufrieden geben: Ihre Pacht war nicht sicher, denn die recht hohen Abgaben wurden von Jahr zu Jahr neu festgesetzt. Daher strebten die gälischen Iren zurück zur alten Ordnung. Die Konfrontation wurde noch verstärkt durch den kompromisslosen Glauben der meisten Neusiedler, die Puritaner waren und den Katholizismus der Eingeborenen offen anfeindeten. Dazu kam der Verdruss der enteigneten Adligen und ehemaligen Soldaten Tyrones, die ein rechtloses Dasein als Strauchdiebe in den Sümpfen und Wäldern Ulsters fristeten. Diese hochexplosive Mischung rief in der protestantischen Gemeinschaft im Norden ein fortwährendes Gefühl der Bedrohung hervor.

Jakobs Sohn und Nachfolger, Karl I. (1625–1649), war auf einen erheblichen Beitrag Irlands zur königlichen Schatulle angewiesen, die er durch etliche, wenig erfolgreiche Kriege auf dem Kontinent geleert hatte. Ferner strebte er im Sinne des absolutistischen Staatsdenkens nach einer Vereinheitlichung und Festigung der Herrschaft der Krone. Um diese Ziele zu erreichen, ernannte er 1633 den energischen und findigen Thomas Wentworth zum *Lord Deputy* in Irland. Wentworth kam 18 Monate nach seiner Bestallung nach Irland. Dort leitete er sogleich eine aggressive Fiskalpolitik in die Wege. Seine begehrlichen Blicke richteten sich zunächst einmal auf die Katholiken, die z. B. hohe Summen dafür zahlten, dass ihnen die Krone das Recht zur freien Ausübung ihrer Religion versprach. Das Geld für den königlichen Gnadenerweis kassierte der *Lord Deputy* ein; die versprochene Tolerierung brachte das freilich nicht. Eines der wesentlichen Mittel, mit denen Wentworth die Einnahmen zu erhöhen suchte, richtete sich jedoch gleichermaßen gegen Katholiken wie Protestanten: Viele Grundbesitztitel in Irland waren rechtlich unsicher. Wentworth beutete dies aus, indem derjenige, der Ansprüche auf Land erhob, diese entweder gegen eine Zahlung abgesichert bekam, oder sein Land wurde zugunsten der Krone eingezogen.

Außerdem befehdete Wentworth im Auftrag seines königlichen Herrn die Presbyterianer in Ulster. Karl I. hatte 1637 versucht, durch die Einführung eines allgemein verbindlichen Gebetbuches auch Schottland in die Uniformität der Staatskirche zu zwingen. Das war Bestandteil der absolutistischen Herrschaftspolitik, die sich auf die Kirche bezog und auf die Vereinheitlichung des Regiments auch dort abzielte. Gegen dieses Unterfangen schlossen sich die presbyterianischen Schotten in einem Bund zusammen (*National Covenant*) und stellten ein Heer auf, das die schwachen Truppen des Königs mit Leichtigkeit vertrieb. 1640 wollte Karl erneut die Botmäßigkeit der Schotten durch einen Feldzug erzwingen. Wiederum scheiterte seine Armee; die Schotten gingen sogar zum Gegenangriff auf englisches Territorium über und forderten für ihren Abzug Ablösungszahlungen von der Krone. In seiner finanziellen Not musste Karl nach elf Jahren erstmals wieder ein Parlament nach Westminster einberufen, das späterhin revolutionäre «Lange Parlament». Damit aber begann der offene

Machtkampf zwischen Krone und Parlament, der 1642 in den Bürgerkrieg ausartete und schließlich 1649 mit der Verurteilung und Hinrichtung des Königs sein Ende fand.

Unterdessen hatten sich die Siedler schottischer Abstammung in Ulster dem Bund ihrer Glaubensbrüder jenseits des Nordkanals angeschlossen. Wentworth verlangte daraufhin von allen Ulster-Schotten einen Eid (*Black Oath*, 1639), mit dem sie sich von ihrem Bund lossagen mussten. Den verhassten Schwur setzte der *Lord Deputy* mit militärischer Macht durch; wer ihn nicht leistete, hatte Geld- und Haftstrafen zu gewärtigen und verfiel der Exkommunikation. Mit seiner Politik machte sich Wentworth alle bedeutenden Gruppen des Landes zum Feind: das mittlerweile von protestantischen Engländern dominierte Parlament in Dublin, die Presbyterianer in Ulster, aber auch die Angehörigen der katholischen, anglonormannischen Führungsschicht der so genannten Altengländer. Ähnlich viele Feinde hatte Wentworth auch in England, wohin er 1641 zurückgerufen wurde: Das Lange Parlament leitete sogleich einen Prozess gegen ihn ein und schickte ihn im Mai auf den Richtblock.

Wentworths Aburteilung wirkte wie eine Schockwelle, die bis nach Irland trug und dort, wo sich die Beschwerden der katholischen Gesellschaft seit vielen Jahren aufgetürmt hatten, einen Erdrutsch auslöste. Unter den Stuarts Jakob und Karl, denen die Parlamente in London und Dublin sogar immer wieder katholisierende Tendenzen nachgesagt hatten, war die Situation der irischen Katholiken ökonomisch stark beengt, nicht zuletzt durch ein erhebliches Bevölkerungswachstum bei der gälischen Einwohnerschaft. Aus dieser wirtschaftlichen Bedrängnis entstand ein bewaffneter Sozialprotest, Räuberbanden taten sich zusammen, die protestantische Landbesitzer heimsuchten und das Fundament der politischen Opposition des gälischen Adels bildeten. Die katholische Elite sah ihre Hoffnungen auf Restitution ihres Landbesitzes in Ulster, die sie auf Karl gerichtet hatten, bitter enttäuscht. Zudem war sie besorgt über die zunehmende innenpolitische Macht des radikal protestantischen Parlaments in Dublin und fürchtete eine schottische Intervention in Nordirland zugunsten der presbyterianischen Siedler dort. Die allgemeine Erregung über die öffentliche Exekution Wentworths und die bedrückende wirtschaftliche und rechtliche Lage entzündeten schließlich im Herbst 1641 einen Aufstand des katholischen Irlands.

Angeführt von gälischen Adligen brach die Empörung am 22. 10. 1641 in Ulster los. Die Rebellen erzielten schon in den ersten Tagen große Fortschritte, wobei sie anfangs recht besonnen vorgingen. Das änderte sich nach etwa zwei Wochen, weil der Adel die Kontrolle über die beteiligte Bauernschaft verlor. Die Landleute waren durch vorhergehende Ernteausfälle gereizt, wurden aufgestachelt von Gerüchten über eine bevorstehende schottische Invasion und geplante puritanische Machenschaften, die Katholiken zu töten, und warfen sich so gnadenlos auf die am einfachsten zu greifenden Opfer, die protestantischen Siedler. In diesen Gemetzeln zu Beginn des Aufstandes von 1641 kamen in Ulster wohl an die 12 000 Protestanten um, etwa ein Drittel der protestantischen Einwohnerschaft, wobei von 4000 Ermordeten und 8000 durch Hunger und Vertreibungen Getöteten auszugehen ist.[5] Die Massaker und ihre propagandistische Überhöhung, die sie sogleich erfuhren, hatten für die Identität der Siedler in Ulster tief gehende Bedeutung: Es verstärkte sich die stereotype Selbstwahrnehmung permanenter Bedrohtheit, die nicht nur ein militantes Vorgehen gegen die katholischen Bevölkerungsteile rechtfertigte, sondern darüber hinaus die eigene Sicherheit allein abhängig von der vollständigen politischen Entmachtung und gesellschaftlichen Ausschließung des Katholizismus erscheinen ließ. Der Sinnspruch dieser sich auf den Aufstand von 1641 berufenden Belagerungsmentalität, «Remember Portadown», gemahnt an eines der grausamsten Massaker und ist heute bei Paraden des Oranierordens immer noch zu lesen. Gegen die Rebellion rief das Parlament in Dublin das englische Unterhaus zu Hilfe, das sofort eine Armee bewilligte, auch angesichts der grotesk überhöhten Zahlen von den angeblich Gemordeten. 1642 setzte ein schottisches Heer nach Irland über, das in Ulster blutige Rache für die Gräuel des Vorjahres nahm. In Anbetracht dieser zweifachen militärischen Bedrohung schlossen sich nun auch die Altengländer der Rebellion an; ursprünglich waren nur gälische Adlige Träger und Führer des Aufstandes gewesen. Gemeinsam bildeten sie die katholische «Konföderation von Kilkenny».

1649 endete mit der Enthauptung Karls I. und dem Sieg der puritanischen Fraktion um Oliver Cromwell der englische Bürgerkrieg. Auch in Irland wurden Schlachten des Bürgerkrieges geschlagen, allerdings mit anderen, komplizierteren Fronten: Dort standen sich die vereinigten Katholiken der Konföderation von Kilkenny, die sich als prinzipiell royalistisch bezeichneten, das Königsheer des *Lord Deputy* James Butler und das Parlament gegenüber, das der Sache des englischen Unterhauses zuneigte. Um auch an dieser Flanke den Sieg der puritanischen Sache durchzufechten, schiffte sich Cromwell 1649 mit einer etwa 15 000 Mann starken Armee in Irland ein, zum Kampf gegen die «vom Bösen befallenen irischen Papisten», wie der amtliche Titel für die Rebellen lautete. Das erbarmungslose Vorgehen Cromwells, dessen *New Model Army* keine irische Streitkraft auch nur annähernd gewachsen war, hinterließ bleibende Spuren in der irischen Erinnerung. Am 11. 9. 1649 stürmten Cromwells Mannen die nördlich von Dublin gelegene Hafenstadt Drogheda, deren Besatzung sich geweigert hatte aufzugeben. Die gesamte Garnison von 2600 Soldaten und viele Zivilisten wurden getötet, wobei Cromwell die Massaker in Ulster von 1641 als Vorwand für seine eigene Grausamkeit verwendete. Einen Monat später verfiel Wexford dem gleichen Schicksal.

Nach zwölf Kriegsjahren, nach Hungersnot und der Beulenpest, die obendrein 1650 ausgebrochen war, war Irland 1653, als der Feldzug Cromwells offiziell sein Ende fand, verwüstet; eine zeitgenössische Schätzung ging von realistischen 600 000 Toten seit dem Aufflammen der Rebellion aus (darunter 15–20 % Protestanten), bei 850 000 bis einer Million noch Lebenden.[6] Besonders stark hatte Ulster unter den Verheerungen leiden müssen. Cromwell ging daran, diese «Wüstenei» im protestantischen Sinne aufzuteilen: Mit dem *Act of Settlement* von 1652 requirierte er in ganz Irland über elf Millionen Morgen Land, das gesamte irische Farmland, das sich noch in katholischem Besitz befand;

ausgenommen war nur die unwirtliche Westprovinz Connaught. Mit dem enteigneten Land sollten die Kosten des Krieges gedeckt und treue Gefolgsleute belohnt werden. Irische Grundbesitzer, die nach dem 1. 5. 1654 östlich des Shannon angetroffen wurden, verfielen der Todesstrafe oder der Sklaverei in Westindien. An die 44 000 Menschen, Landbesitzer und ihre Familien, die Cromwell vor die Alternative «*To Hell or to Connaught*» gestellt hatte, wanderten im Winter 1653/54 in den Westen, wo sich ihnen kaum eine Lebensgrundlage bot.[7] Ungefähr die Hälfte des irischen Territoriums wurde bis 1657 auf diese Weise neu verteilt, wodurch es allerdings nicht wie geplant zu einer größeren Einwanderungswelle kam; vielmehr wurden die Besitztitel zu Handelsobjekten und ansässige Eigentümer konnten ihr Land vergrößern. Die Notwendigkeit, diese großen Ländereien zu bewirtschaften, führte schließlich zur Rückkehr der vertriebenen irischen Eigentümer als Pächter. In Ulster, Munster und Leinster gab es nach Cromwell überhaupt keinen nennenswerten katholischen Grundbesitz mehr. Als einzige Elite blieben die Neuengländer übrig, wie die seit der Reformation eingewanderte, protestantische Führungsschicht genannt wurde.

Als Karl II. (1660–1685) den Thron bestieg, hoffte das katholische Irland auf eine Revision der Landverteilung Cromwells. Immerhin hatte die Konföderation von Kilkenny stets ihre Treue zur Krone betont. Obendrein hatte Karl sein Exil am Hofe Ludwigs XIV. von Frankreich verbracht, des mächtigsten katholischen Königs, mit dem er auch ein Bündnis anstrebte. In der Tat kam es zu einer Überprüfung des «*Cromwellian Settlements*» von 1652. Karl schreckte jedoch davor zurück, die Ansiedlungen Cromwells substanziell zu verändern; nur wenige Enteignete bekamen ihr Land wieder. In Ulster beispielsweise wurde allein der Besitz des Earl of Antrim restituiert. 1688 befanden sich folglich nur 4 % des Grund und Bodens in Ulster außerhalb der Grafschaft Antrim in katholischer Hand. Erneut mussten sich viele Landlose in unwirtliche Gegenden zurückziehen und ein Leben als Outlaw fristen. Karl II. bemühte sich sicher ernsthaft um eine Katholiken-freundliche Politik[8]; allein, ihm waren die Hände gebunden: Das Ende der Republik Cromwells hatte zwar die königliche Erbfolge wieder hergestellt. Nichtsdestoweniger blieb das Parlament von Westminster protestantisch, und nicht wenige seiner Mitglieder hatten zu den Profiteuren der Landzuteilungen gehört. Gegen diese Partei konnte der König unter keinen Umständen regieren. Auch das Recht auf freie Religionsausübung, das Karl den Katholiken seines Reiches versprochen hatte, konnte er gegen den Widerstand der puritanischen Fraktion nicht durchsetzen.

Die Enttäuschung der irischen Katholiken über den geringen Vorteil, den sie aus der Restauration des Königtums hatten ziehen können, wich der Hoffnung, als Jakob II., der zur Römischen Kirche konvertiert war, 1685 den englischen Thron bestieg. Der von ihm eingesetzte Oberbefehlshaber der irischen Armee und seit 1687 auch königliche Statthalter, der Katholik Richard Talbot, praktizierte tatsächlich eine energische Re-Katholisierung der Macht in Irland: In einer raschen «Säuberungsaktion» der Armee wurden vermeintlich illoyale (d. h. protestantische) Elemente entlassen und gezielt durch Katholiken ersetzt. Talbot betrieb auch im Zivilbereich eine Umbesetzungspolitik und brachte die wichtigsten Posten der Dubliner Administration sowie der lokalen Verwaltungen wieder in katholische Hand. 1688 schlug Talbot vor, den in der Ära Cromwell angesiedelten Protestanten die Hälfte des Landes, das sie in Irland erhalten hatten, wieder fortzunehmen, um damit die Ansprüche der vorherigen katholischen Besitzer zu befriedigen. Die Gerüchte über eine anstehende Revision der Besitzverhältnisse schreckten das ohnehin beunruhigte protestantische Establishment noch mehr auf.

Im Juni 1688 gebar Jakobs Frau ihm einen Sohn. Bisher waren die Protestanten in England und Irland davon ausgegangen, dass der Thron auf seine protestantische Tochter Maria übergehen würde, die Ehefrau des Generalkapitäns der Niederlande und Anführers der kontinentalen Allianz gegen Ludwig XIV., Wilhelm von Oranien. Jetzt bestand die Gefahr der Errichtung einer katholischen Dynastie. Als Jakob auch noch irische Soldaten zu seinem Schutz nach England beorderte, provozierte er damit die englische Armee, die hier den Kern einer katholischen Leibgarde des Monarchen sah und sich mit dem Parlament gegen den König verbündete. Parlamentarier und Armeeführung ersannen gemeinsam den Plan, Jakob zu entmachten und Wilhelm von Oranien den Thron zu übergeben. Während sich Jakob seiner Absetzung widersetzte und an den französischen Hof floh, zog sein Schwiegersohn in London ein und wurde als Wilhelm III. König von England.

In Irland forderte das protestantische Parlament die Abberufung des katholischen Statthalters Talbot, während die Katholiken den Herrscherwechsel nicht anerkannten. Talbot vergrößerte inzwischen sein Heer, dem das Parlament keine eigenen Streitkräfte entgegenstellen konnte, und gewann damit die Kontrolle über das Land. Ihm eilte ein Expeditionskorps des französischen Königs zur Hilfe, mit dem auch Jakob Anfang März 1689 nach Irland übersetzte. Die vereinigten Armeen marschierten auf Dublin, wo Jakob im Triumph einzog. Im Verlauf des Jahres sandte Wilhelm ebenfalls Truppen über die Irische See, gedrängt von nach England geflüchteten protestantischen Iren, vor allem aber, weil eine gefestigte Position Jakobs, unterstützt vom mächtigen Ludwig XIV., sein Königtum akut bedroht hätte. Während die «*Glorious Revolution*», die Absetzung Jakobs und die Thronübergabe an Wilhelm, in England vollkommen unblutig verlaufen war, entwickelte sich der Kampf um die englische Krone in Irland wiederum zum Krieg; einmal mehr wurde Irland also in die Händel seines Nachbarn hineingezogen.

Etliche Begebenheiten des «Kriegs der zwei Könige» sind in die protestantische Folklore eingegangen. Vor allem die Ereignisse um die Belagerung von Londonderry bleiben Teil des Mythenkanons Ulsters: Im Dezember 1689 versuchte Richard Talbot, die protestantische Besatzung dort durch eine katholische zu ersetzen. Als er sich mit seinem Heer der Stadt näherte, empfahl der dortige Bischof die Übergabe, doch 13 Lehrjungen (= *Apprentice Boys*) entwanden der Stadtwache die Schlüssel und zogen die Zugbrücke hoch. Daran erinnernd nennt sich die protestantische Loge Londonderrys «*Apprentice Boys*». Im folgenden Jahr ordnete der Militärgouverneur von Londonderry, Robert Lundy, angesichts der scheinbaren Übermacht des jakobitischen Heeres den Rückzug aller nördlich gelegenen Garnisonen in die Mauern der Stadt an, wodurch wichtige Vorräte und Bastionen in die Hände der Katholiken fielen. Gegenüber seinen Soldaten sprach Lundy davon, dass die Stadt nicht zu halten sei. Diese Feigheit vor dem katholischen Feind bezeichnen Unionisten noch heute als «Lundyism». Weil er sich zu kämpfen weigerte, wurde Lundy im April 1690 in einer Bürgerrevolte abgesetzt. Londonderry widerstand der sich anschließenden Belagerung 105 Tage lang, bevor das jakobitische Herr unverrichteter Dinge abzog.

Den Krieg entschied der protestantische «King Billy» mit der Schlacht am Fluss Boyne für sich (1.7.1690; mit der Veränderung des Kalenders im 18. Jahrhundert wurde daraus der 12. Juli, der wichtigste Feiertag des protestantischen Ulster). Während der Oranier obsiegte und damit seine Farbe, das Orange, als Farbe des irischen Protestantismus etablierte, ging Jakob geschlagen wieder nach Frankreich. Der Krieg dauerte allerdings noch ein weiteres Jahr. Erst der Vertrag von Limerick (vom 3.10.1691) beendete ihn auch formal. Dieser Friedensvertrag war recht großzügig in seinen Bestimmungen gegenüber den Besiegten: 15 000 irische Soldaten durften sich auf den Kontinent zurückziehen; diejenigen, die blieben und einen Eid auf Wilhelm leisteten, behielten ihr Land. Katholiken erlaubte der Friedensschluss, auch weiterhin ihren Gottesdienst so abzuhalten wie unter Karl II.

Zu Beginn des 18. Jahrhunderts war Irland vollständig erobert; britische Regierung und Gesetze waren infolge der Kriege und Ansiedlungen überall durchgesetzt worden. Die Führungsschicht in Irland, die «*Protestant Ascendancy*», die auch das Parlament in Dublin dominierte, bestand aus Land besitzendem Adel und Gentry und gehörte der Hochkirche *Church of Ireland* an. Obwohl alle Machtmittel des Landes in ihren Händen vereint waren, Gesetzgebung (soweit sie nicht beim Londoner Parlament lag) und Rechtsprechung, Administration, der Befehl über die Streitkräfte, Grundbesitz, glaubte sich diese Führungsschicht weiterhin durch die Katholiken bedroht. Zwar waren die Katholiken militärisch unterworfen und man hatte ihr Land größtenteils eingezogen; was aber durch militärische Eroberung gewonnen worden war, konnte ebenso auch wieder verloren gehen. Getrieben von diesem Bedrohungsgefühl, opponierte das protestantische Establishment auch gegen den Vertrag von Limerick, den ihnen «holländische Großzügigkeit» eingebracht habe. Deshalb erließ das irische Parlament ab 1695 sukzessive eine Strafgesetzgebung (*Penal Laws*), die eine dauerhafte Unterwerfung der Katholiken bewirken sollte.

Zunächst verbot man den Katholiken, Waffen zu tragen, ihre Kinder zur Schule zu schicken und Pferde zu besitzen, die mehr als fünf Pfund wert waren. Das war eine offene Kampfansage gegen den Vertrag von Limerick. König Wilhelm III. (1689–1702) war folglich gegen eine solche Strafgesetzgebung, immerhin hatte er den Friedensvertrag unterzeichnet. Aber die Regierung unter seiner Schwägerin Anna (1702–1714) setzte sie in Kraft und strich nur übertriebene Maßnahmen aus den Dubliner Vorschlägen heraus. Nach den Bestimmungen der Strafgesetze durften irische Katholiken kein Land kaufen, von Protestanten erben oder als Geschenk erhalten. Es war ihnen verboten, Land auf Leibrente zu pachten oder eine Hypothek auf bestehenden Landbesitz aufzunehmen. Sie durften keine Pachtverträge mit einer Laufzeit von mehr als 31 Jahren abschließen und keine Verträge, die Gewinne von über 30 % des Pachtzinses ermöglichten; das richtete sich gegen eventuelle Versuche, durch den Abschluss von Scheinpachten Landkäufe zu verschleiern. Beim Tode eines katholischen Grundbesitzers musste dessen Land zu gleichen Teilen unter seinen Söhnen aufgeteilt werden. Es gab jedoch eine perfide Ausnahme: Wenn der älteste Sohn des Verstorbenen zum Protestantismus konvertierte, fiel ihm der gesamte Besitz zu. Die Auswirkungen auf die Verteilung des Landbesitzes in Irland waren dramatisch: Vor dem Aufstand von 1641 hatte sich mehr als die Hälfte des Grund und Bodens in Irland in katholischer Hand befunden, nach der Restauration 1688 waren es noch 22 und 1703 14 %, durch die konsequente Anwendung der *Penal Laws* 1776 5 %; die restlichen 95 % gehörten ca. 5000 anglikanischen Grundbesitzern.[9]

Auch die politischen Rechte wurden stark eingeschränkt: Das irische Parlament schloss Katholiken vom passiven und zwischen 1728 und 1793 auch vom aktiven Wahlrecht aus. Ihnen war die Tätigkeit in kommunalen Behörden oder Magistraten, als Gemeindevertreter oder Geschworene, in der Justiz, als Anwälte, Richter oder im Polizeidienst untersagt. Sie durften, wie bereits angeführt, keine Waffen tragen und konnten deswegen auch nicht in der Armee dienen. Die Universitäten des Inlands und – nach Möglichkeit – sogar des Auslands sollten ihnen verschlossen bleiben. Die wirksamsten *Penal Laws* richteten sich gegen politische Teilhabe und ökonomische Macht von Katholiken. Weniger wirksam hingegen waren Gesetze, die sich auf Gottesdienste bezogen. Gerade in ihnen wird aber der virulente Anti-Katholizismus der *Protestant Ascendancy* deutlich. So mussten sich etwa katholische Geistliche registrieren lassen, und es durfte nur einen für jede Gemeinde geben. Das irische Parlament versuchte das Diktat damit durchzusetzen, dass nicht-registrierte Priester kastriert werden sollten; allerdings verweigerte Westminster dieser Maßregel die notwendige Zustimmung. Die Mehrheit der Katholiken in Irland war im 18. Jahrhundert viel zu arm, als dass gesetzliche Einschränkungen des Landerwerbs oder des Wahlrechtes sie hätten tangieren können: Auch ohne derartige Bestimmungen wäre ihnen der Kauf eines Grundstücks oder die Ausübung des Wahlrechts aufgrund der dafür notwendigen, hohen Besitzqualifikation unerreichbar gewesen. Gleichwohl bedeuteten die Strafgesetze ein beständiges, schmerzhaftes Symbol ihrer Niederlage und Unterwerfung.

Die Strafgesetze galten zum Teil auch für abweichende Protestanten (*Dissenter*), d. h. Nicht-Mitglieder der Kirche von Irland, also etwa die Presbyterianer in Ulster. Presbyterianische Pfarrer konnten ebensowenig legale Trauungen vollziehen wie katholische Priester. Auch protestantische Nicht-Mitglieder hatten wie jeder in Irland den Kirchenzehnten an die Hochkirche zu entrichten. Vor allem waren *Dissenter* von solchen Aktivitäten ausgeschlossen, für die ein Treueid nach der Formel der Kirche von Irland abgelegt werden musste. Allerdings ist die Diskriminierung der Katholiken und der *Dissenter* zu differenzieren: Presbyterianer waren zwar seit 1704 durch einen obligatorischen Eid auf die Glaubenssätze des Anglikanismus von öffentlichen Ämtern und kommunalpolitischer Betätigung ausgeschlossen, behielten aber das aktive und passive Wahlrecht zum irischen Parlament, wobei auch von ihnen freilich nur wenige die Besitzqualifikationen für das Wahlrecht erfüllten.

Noch bevor der Krieg der zwei Könige beendet war, begann eine bemerkenswerte Einwanderung aus Schottland nach Ulster zu fließen, vor allem wegen der verheerenden Missernten in Schottland. Die Zahl der Presbyterianer in Ulster verdoppelte sich so zwischen 1660 und 1715. Das trug zwar einerseits zur Vertreibung der katholischen Bevölkerung bei, auf der anderen Seite aber missfiel es der Hochkirche, die ihren Einfluss schwinden sah. Um die Vormacht der Kirche von Irland auch in Ulster zu sichern, setzte das Parlament in Dublin 1704 eine neue Eidesformel durch, die abgelegt werden musste, wenn man ein öffentliches Amt antreten wollte: Der Kandidat hatte zu beschwören, dass er das Abendmahl getreu dem Ritus der Kirche von Irland einnahm (*Test Act*). Dem Namen nach bezweckte die Vorschrift, den katholischen Einfluss auf die öffentliche Verwaltung zurückzudrängen. Weil Katholiken aber schon durch andere Gesetze gehindert waren, solche Ämter anzunehmen, richtete sich der neue Eid tatsächlich gegen die Presbyterianer. Diese Camouflage der gegen protestantische *Dissenter* gerichteten Maßregeln nahm das irische Parlament vor, weil seine Gesetzgebung die Zustimmung des Parlaments von Westminster benötigte, das zwar einen scharfen anti-katholischen Kurs befürwortete, aber keinen gegen die Presbyterianer. Eine Wendung des englischen Parlaments gegen die *Dissenter* wäre auch höchst widersprüchlich gewesen, da die Union Englands mit Schottland von 1707 die presbyterianische «*Kirk*» als schottische Staatskirche anerkannte.

Mit dem Regierungsantritt Georgs I. (1714; regierte bis 1727) begann allerdings auch in Irland eine neue Zeit der Duldung, was die Presbyterianer demonstrativ anerkannten, indem sie bei der großen Invasionspanik von 1715, als die Furcht vor der Rückkehr des Thronprätentenden Jakob (des Neffen Jakobs II.) grassierte, in Scharen in die Verteidigungsverbände strömten. Die bewiesene Loyalität wurde mit dem Toleranzgesetz von 1719 belohnt, das der presbyterianischen Gemeinde in Irland die offizielle Anerkennung brachte. Zwar blieb das Schwurgesetz von 1704 formell bestehen, doch wurde es kaum durchgesetzt, und es gab zwischen 1719 und 1778 24 Ausnahmegenehmigungen (*Indemnity Acts*), die Presbyterianern erlaubten, öffentliche Ämter oder Kommandoposten in den Milizen innezuhaben. Ab 1719 kann man daher nicht mehr von einer ernsthaften Diskriminierung der Presbyterianer sprechen.[10]

Freilich gehörten die Presbyterianer im frühen 18. Jahrhundert eher zum ärmeren Teil der Bevölkerung von Ulster mit nur geringem Landbesitz, dem schon deshalb nur sehr beschränkte politische Teilhabe zugekommen wäre. Insgesamt war der Norden in der ersten Jahrhunderthälfte ein armes Land mit immer wieder auftretenden Missernten und Hungersnöten; im Jahrhundert davor war es im Übrigen nicht viel anders gewesen. Besonders schlimm traf Ulster die grausame Hungersnot von 1741, bei der in ganz Irland wohl 300 000 Menschen starben; das war eine höhere Todesquote als während des Großen Hungers 1845–49, misst man es in Relation zur Gesamtbevölkerung. Seit 1718 flohen viele Presbyterianer vor Hunger und Armut und emigrierten nach Amerika. Die irisch-protestantische Führung, mittlerweile überzeugt von der Loyalität der *Dissenter*, befürchtete, dass damit der Anteil der Katholiken – die nicht auswandern konnten, weil sie zu arm waren – den der Protestanten immer weiter übertreffen würde. Es wurden sogar Hilfsprogramme aufgelegt, um die Armut in Ulster zu mindern und so die Emigration zu begrenzen.

Derartige Bemühungen fruchteten allerdings nicht. Erst die Verbreitung einer neuen Technik der Textilherstellung in den 1740er Jahren gab der Wirtschaft Ulsters einen dramatischen Impuls: Ulster wurde zum führenden europäischen Produzenten feinen Leinens. Die sich etablierende Leinenindustrie, die Ansiedlung der Kartoffel als billiges und nahrhaftes Massenlebensmittel, die

Öffnung neuer kolonialer Märkte und verbesserte internationale Handelsbedingungen machten Ulster binnen zwei Jahrzehnten von der ärmsten zur mit Abstand wohlhabendsten Provinz Irlands.[11] Und mit dem Wohlstand begann auch die Bevölkerungszahl rasch anzuwachsen.

Innerhalb der mittlerweile gewachsenen Population Ulsters ließ sich gegen Ende des 18. Jahrhunderts eine deutliche soziale Unterteilung erkennen, die entlang ethnischer und religiöser Demarkationslinien verlief. Die Bevölkerung zerfiel in drei Gruppen, die sich hinsichtlich ihrer gesellschaftlichen Stellung, des Dialektes, ihrer Sitten, Bekleidung und Konfession unterschieden: Engländer, Angehörige der etablierten Kirche von Irland, dominierten die Land besitzende Gentry und die akademischen Berufe. Sie fand man vor allem im Süden und in der Mitte der Provinz. Presbyterianische Schotten siedelten vorwiegend im Norden und Osten, in den Grafschaften Antrim und Down, um die Stadt Coleraine und vor allem im prosperierenden Belfast. Sie waren besonders in der Leinenindustrie, im Handwerk und Handel tätig. Zudem stellte sie viele kleinere Pächter in der Landwirtschaft. Diese Gemeinschaft zeichnete sich durch eine starke Gruppenidentität aus, geprägt nicht nur durch die Religion, sondern auch durch die schottische Abstammung, mit einem eigenen Dialekt, dem «Ulster Scot». Die Katholiken bildeten vor allem die Schicht der Landarbeiter und Kleinpächter. Der Westen der Provinz, einschließlich der Stadt Londonderry, und der Süden waren mehrheitlich katholische Gebiete.

2. Von der Entfremdung zur Konfrontation der Konfessionen in Ulster

Unter der Herrschaft der *Penal Laws* hatten sich die konfessionellen Verhältnisse in Irland weitgehend stabilisiert. Erst im letzten Viertel des 18. Jahrhunderts zerbrach dieser Zwangsfrieden. Auslösendes Moment war der amerikanische Unabhängigkeitskampf, dessen Auswirkungen bis nach Ulster reichten: Auch wegen der zahlreichen familiären Bindungen durch den Emigrantenstrom brachten die Protestanten im Norden ihre Sympathien den amerikanischen Rebellen entgegen. Als 1778 jedoch Frankreich auf Seiten der Kolonisten in den Krieg eintrat, erkannten die Protestanten Ulsters in ihm sofort den überkommenen, katholischen Feind. Aus Sicht der Londoner Regierung war die Lage in Irland zu diesem Zeitpunkt nahezu verzweifelt: Aufgrund der Wirtschaftskrise gab es kaum Steuereinnahmen und es konnten keine Milizen bezahlt werden. Die regulären Truppen waren nach Amerika abkommandiert; einmal mehr schien eine Invasion Frankreichs in Irland zu drohen. Deshalb stellten die protestantischen Grundherren größtenteils in privater Initiative gegen die Gefahr einer französischen Landung bewaffnete Freiwilligenverbände auf, die so genannten *Volunteers*. Die Offiziere der Milizen entstammten der Gentry, Unteroffiziere und Mannschaften waren als Pächter, Kaufleute und Handwerker Angehörige der protestantischen Mittelschichten. 1782 umfassten die *Volunteers* schon an die 100 000 Mann. Der große Zulauf an Freiwilligen war nun allerdings nicht allein Ausdruck der Verteidigungsbereitschaft gegen den Erzfeind Frankreich; sie repräsentierten auch den Willen zu größerer Unabhängigkeit von Großbritannien, d. h. sie standen für einen Kolonialnationalismus, den das protestantische Irland im 18. Jahrhundert entwickelt hatte, das Bewusstsein, eine eigene Nation zu formen.[12] Die Milizen bildeten die gesellschaftliche Basis des Kolonialnationalismus; seine Elite war eine Gruppe im Dubliner Parlament, die sich die Patrioten nannte. Ihr Unabhängigkeitsstreben wurde angetrieben vom Missbehagen über das konstitutionelle Verhältnis Irlands zu Großbritannien, insbesondere über die beschränkte Kompetenz des irischen Parlaments: Endgültig festgelegt durch den *Declaratory Act* von 1719, bedurfte jedes Gesetz, das vom Parlament in Dublin beschlossen wurde, der Zustimmung Westminsters. Zudem konnte das britische Parlament eigenmächtig Gesetze für Irland erlassen. Folgenreich war die Oberhoheit des Parlaments in London vor allem hinsichtlich der Wirtschaftsgesetzgebung für Irland, die darauf abzielte, keinen Konkurrenten für England entstehen zu lassen: Schon 1696 beschloss Westminster gegen heftigen Protest der Iren das Verbot, Waren aus den Kolonien direkt nach Irland zu exportieren. 1699 wurden hohe Zölle auf irische Wollprodukte festgesetzt, die darüber hinaus nur noch nach England exportiert werden durften.

Angesichts der Furcht vor französischen Landungsversuchen nahm London die irischen Klagen sehr ernst und reagierte mit einer Reihe von Gesetzen, die die Rechte der irischen Legislative stärkten. In der so genannten «Verfassung von 1782» bekam das Dubliner Parlament die Kompetenz zugestanden, Gesetze selbst zu erlassen. Ein Jahr später gab Westminster überdies seinen Anspruch auf Gesetzgebungskompetenz für Irland auf und begann außerdem, die *Penal Laws* gegenüber der katholischen Bevölkerung zurückzunehmen. Um die Landesverteidigung zu sichern, suchte London sich die Loyalität der Katholiken durch ihre rechtliche Besserstellung zu erkaufen. 1778 wurde den Katholiken erlaubt, ohne Beschränkungen Land zu erwerben. Auch die Presbyterianer profitierten, als 1779 die Eidformeln beseitigt wurden, die sie von der irisch-protestantischen Nation ausschlossen. 1793 erhielten die Katholiken das aktive Wahlrecht. Aufgrund der Kampagne der *Volunteers* hatte sich London zudem seit Ende 1779 gezwungen gesehen, etliche Gesetze aufzuheben, die Irland wirtschaftlich benachteiligten.

Vor dem Hintergrund des Krieges in Amerika und der Französischen Revolution hatten *Volunteers* und Patrioten beachtliche Erfolge für Irland erreichen können. Weiter gehende Bestrebungen scheiterten jedoch, etwa hinsichtlich der Reform des irischen Parlaments. 1784 trafen sich daher die radikaleren Kräfte unter den *Volunteers* auf dem Dubliner Reformkonvent, wo sie unter anderem das Wahlrecht für die Katholiken forderten. Die Mehrheit der *Volunteers* lehnte die Katholikenemanzipation jedoch ab, was an der regionalen Konfessionsverteilung lag: Im größten Teil Irlands stellten die Protestanten eine kleine Minderheit, die ihre Privilegien zu verteidigen suchte; in weiten Teilen Ulsters siedelten ungefähr gleich viele Protestanten und Katholiken, weswegen die alten Rivalitäten immer noch deutlich spürbar waren; nur östlich des Flusses Bann, insbesondere in Belfast, überwogen die presbyterianischen Protestanten so deutlich, dass sie ohne Furcht vor einem katholischen Aufstand lebten. Und auch nur dort konnte sich folglich ein radikal-reformistisches Gedankengut halten, zu dem die Forderung nach der rechtlichen Gleichstellung der Katholiken gehörte. Demgemäß fand die Bürgerversammlung, auf der die Statuten der *Society of United Irishmen* verabschiedet wurden, einer Vereinigung, die alle Konfessionen umfasste, auch 1791 zunächst in Belfast statt. Erst einen Monat später gründete sich eine solche Gesellschaft auch in Dublin. Formuliert hatte die Statuten Theobald Wolfe Tone, der Verfasser der einflussreichen Schrift ‹An Argument on Behalf of the Catholics in Ireland› (1791), in der er die Zusammenarbeit der radikalen irischen *Dissenter* und Katholiken gefordert hatte, um dem britischen Einfluss in Irland zu begegnen.

Tones Koalition von Presbyterianern und Katholiken blieb in Ulster allerdings auf das städtisch-industrielle Milieu von Belfast beschränkt. Die Situation auf dem Lande hingegen war von scharfen Konflikten zwischen den Konfessionen geprägt. Die kümmerliche Lage der Katholiken in der Landwirtschaft hatte seit den 1760er Jahren wiederholt Aufstände ausgelöst, die sich gegen zu hohe Pachtraten, ungerechte Besteuerung des Kartoffelanbaus, Einhegungen von Gemeindeland und Abgaben an die Kirche von Irland richteten. In den 1780er Jahren spitzte sich die Situation in der Grafschaft Armagh zu; dort entstanden Mitte des Jahrzehnts geheime Kampfbünde, die protestantischen *Peep-o'Day-Boys* und die katholischen *Defenders*, die überall in Irland Ableger bildeten. Zwischen den Verbänden kam es häufig zu blutigen Auseinandersetzungen. 1795 eskalierte der Konflikt: Im Norden Armaghs vertrieben *Peep-o'Day-Boys* hunderte katholische Familien aus ihren Häusern und zwangen sie zur Auswanderung, ohne dass die Dubliner Regierung dagegen vorgegangen wäre. Die *Defenders* terrorisierten im Gegenzug protestantische Farmer. Die Auseinandersetzungen gipfelten in einem Straßenkampf, bei dem mehr als 30 katholische Streiter ihr Leben verloren. Diese so genannte «Schlacht» von Loughgall bildete im Übrigen den unmittelbaren Anlass für die Gründung des Oranierordens: Einer der protestantischen Geheimverbände, die in Armagh als Schutzbünde gegen Übergriffe der *Defenders* agierten und sich 1795 assoziierten, bezeichnete sich als «*Orange Boys*»; demzufolge wurde der Zusammenschluss «*Loyal Orange Order*» genannt.[13]

Vor dem Hintergrund dieser aufgeheizten Atmosphäre radikalisierten sich die katholischen Reformkräfte in Irland und entfremdeten sich von ihren protestantischen Bündnispartnern. Erhebliche Verantwortung trug daran Tone, der – als Protestant – 1792 stellvertretender Sekretär der bürgerlich-katholischen Emanzipationsbewegung *Catholic Committee* wurde, dessen Politik er bestimmte. Tone machte sich die Kriegserklärung des revolutionären Frankreichs an Großbritannien von 1793 zunutze und knüpfte Verbindungen nach Paris, von wo er Hilfe für ein unabhängiges Irland erwartete. 1795 vereinigten sich *United Irishmen* und *Defenders*, mit dem erklärten Ziel, eine irische Republik mit französischer Hilfe zu errichten. Ende 1796 sandte Frankreich ein starkes Expeditionskorps, dem aber das Schicksal vieler Invasionsarmeen in Irland beschieden war: Aufgrund der Wetterverhältnisse konnte es nicht landen. Angesichts des Invasionsversuchs förderte die Regierung in Dublin die Aufstellung von bewaffneten protestantischen Bauernmilizen, die offiziell das Land im Fall eines Angriffs schützen sollten, tatsächlich aber vor allem die *Protestant Ascendancy* sicherten, indem sie die Unruhen auf dem Lande bekämpften. Dublin reagierte 1796 auf das französische Landungsunternehmen außerdem mit einer strengen Notstandsgesetzgebung. Gleichzeitig wurden die Mitglieder der protestantischen Geheimbünde nachdrücklich aufgefordert, in die

Bauernmiliz einzutreten. Das rigorose Vorgehen der Regierung gegen die *United Irishmen* löste 1798 in vielen Teilen Irlands bewaffnete Aufstände aus, deren Niederschlagung insgesamt wohl 30 000 Menschen zum Opfer fielen.[14] Wolfe Tone, der sich auf den Kontinent abgesetzt hatte, wurde beim Versuch, mit einem französischen Truppenverband in Irland zu landen, festgenommen. Seiner Hinrichtung als Landesverräter entzog er sich durch Selbstmord.

Die Aufstandsbewegung der *United Irishmen*, obgleich sie zunächst von Radikalen beider Konfession getragen wurde, die zudem – geprägt von den Idealen der Französischen Revolution – den Einfluss der Kirchen zurückdrängen wollten, vertiefte neben der sozialen auch die Entfremdung der Mentalitäten zwischen Protestanten und Katholiken. Als die Rebellen den französischen Erzfeind zur Hilfe riefen, als darüber hinaus wieder Massaker an Protestanten verübt wurden und auf der anderen Seite protestantische Geheimbünde katholische Siedler in Ulster drangsalierten und an ihre Haustüren die unmissverständliche Aufforderung nagelten: «*To Hell or to Connaught*», untermauerte das nur die ohnehin fest sitzenden Stereotypen der gegenseitigen Wahrnehmung: Die Macht des Anderen bedeutete die Bedrohung der eigenen Existenz.

In der ersten Hälfte des 19. Jahrhunderts änderten sich die politischen und sozialen Strukturen in Irland und verhärteten sich: Irisch, katholisch und nationalistisch wurden zu Synonymen. Im Gegensatz dazu richteten sich alle Elemente der protestantischen Gesellschaft an der Union mit Großbritannien aus. Diese Segregation spiegelte sich auch im alltäglichen Leben. Ein Reisebericht von 1834 schildert die Kluft zwischen den Konfessionen in Irland; so gebe es in Gorey in der Grafschaft Wexford im Südosten der Insel eine protestantische und eine katholische Gastwirtschaft, die auch unter diesen Namen bekannt seien. Ebenso würden die Kutschen von Angehörigen unterschiedlicher Konfessionen gesteuert und unterhalten. Sogar die Kinder spielten nach Konfessionen geschieden. Der Autor beschreibt ein Irland, in dem Katholiken und Protestanten nur geschäftlich miteinander verkehrten, und selbst das entweder zögerlich oder als Herren und Untergebene. Gleiches gelte auch für Ulster.[15]

Vor dem Hintergrund der Aufstände von 1798 betrieb der englische Premierminister William Pitt d.J. eine staatliche Union zwischen Großbritannien und Irland, die er als einzige Möglichkeit ansah, der massiven administrativen Probleme in Irland Herr zu werden. Um die Loyalität der Iren für die Union zu sichern, versprach er den Katholiken die vollständige rechtliche Gleichstellung. Die Union trat 1801 in Kraft; damit endete die Existenz des irischen Parlaments und der Dubliner Exekutive. Irland entsandte künftig 100 Abgeordnete ins Londoner Unterhaus, 32 Lord zogen ins Oberhaus ein. Auch die Kirche von Irland verlor ihre Selbstständigkeit; es entstand eine neue Staatskirche mit einem englischen und einem irischen Zweig. Das Versprechen der Katholikenemanzipation konnte Pitt jedoch nicht halten. Dagegen stellte sich hartnäckig König Georg III. (1760–1820) mit der Begründung, die Zulassung katholischer Abgeordneter oder Beamter zum Parlament bzw. höheren Staatsdienst widerspreche seinem Throneid. Pitt trat enttäuscht zurück und die Union verlor in den Augen der irischen Katholiken gleich zu Beginn an Glaubwürdigkeit und Ansehen.

Dem katholischen Verlangen nach rechtlicher Gleichstellung verlieh seit den 1820er Jahren Daniel O'Connell, den die irische Tradition als «Befreier» feiert, besondere Kraft. O'Connell gründete 1823 die *Catholic Association*, die die Sache der Katholiken mit bis dahin einzigartigen Methoden betrieb: O'Connell bezog den katholischen Klerus eng in seine Agitation ein, die Geistlichen wurden zu Administratoren der Bewegung vor Ort; und die Assoziation erhob nur einen geringen monatlichen Beitrag von einem Penny. Schnell zählte die Bewegung eine halbe Million Mitglieder. Zunächst agierte die Assoziation als Pressure-group bei Wahlen zum Parlament in Westminster, indem sie katholische Wähler darin unterstützte, für ihrer Sache wohlgewogene Bewerber zu stimmen. Dieser Beistand war insofern häufig notwendig, als die Wahlen noch nicht geheim waren und für Pächter ein hohes wirtschaftliches Risiko damit verbunden sein konnte, gegen den lokalen Grundherren zu stimmen. Die Assoziation stellte aber Finanzmittel zur Verfügung, um aus diesem Grund vertriebene Pächter zu entschädigen.

1828 trat O'Connell selbst bei einer Nachwahl als Kandidat an und wurde mit großer Mehrheit gewählt. Die Regierung in London stand jetzt vor der Alternative, entweder auf dem Eid für Parlamentsmitglieder zu beharren – O'Connell mithin seinen errungenen Sitz zu verweigern – und einen offenen Aufruhr in Irland zu riskieren, oder von der bestehenden Diskriminierung abzurücken. Aufgrund der überwältigenden und damit den inneren Frieden bedrohenden Größe der Massenorganisation O'Connells, weil sich mittlerweile beide Häuser des Parlaments für die rechtliche Gleichstellung aussprachen und außerdem Georg IV. (1820–1830) weniger starrsinnig als sein Vater war, trat 1829 das Emanzipationsgesetz für Katholiken in Kraft. Mit dem Gesetz erlangten die Katholiken des Vereinigten Königreichs die rechtliche Gleichstellung, d. h. sie konnten jetzt mit wenigen Ausnahmen alle führenden Positionen in Verwaltung, Politik und Offizierskorps einnehmen.

O'Connell nutzte die neu gewonnenen Möglichkeiten in den nächsten Jahren, indem er mit seiner irisch-katholischen Fraktion die Regierungspartei *Whigs* (die späteren Liberalen) in Westminster unterstützte, die im Gegenzug einige Verbesserungen vor allem für die katholischen Landpächter Irlands durchzusetzen versprachen. Die Landfrage war in der Tat das dringendste Problem Irlands: Seit Ende des 18. Jahrhunderts hatte sich dort die Population explosionsartig vermehrt, von etwa fünf auf mehr als acht Millionen Menschen bis 1841.[16] Unter den herrschenden Bedingungen war die Ernährung der – meistenteils katholischen und bitter armen – Landbevölkerung kaum noch gewährleistet. Allein die nährstoffreiche Kartoffel, häufig einziges Lebensmittel, ermöglichte eine dürftige Existenz am Rande des absolut notwendigen Minimums. Bei einer Missernte drohte eine Katastrophe, wie sie 1845 in der Großen Hungersnot Wirklichkeit wurde. Innerhalb der Union schien O'Connell eine grundsätzliche Reform der prekären Landfrage allerdings unmöglich. Zu tief war die Politik des vereinten Gemeinwesens protestantisch und britisch geprägt, als dass irisch-katholische Belange wirklich berücksichtigt werden konnten. Er rief deshalb 1840 die Repeal-Bewegung ins Leben, die die Rücknahme des Unionsgesetzes und die Wiedereinführung des irischen Parlaments, allerdings unter Oberhoheit der britischen Krone, erreichen sollte. Die Repeal-Organisation war nach dem Vorbild der Katholischen Assoziation aufgebaut, d. h. auch sie wurde auf lokaler Ebene vom katholischen Klerus geführt, und O'Connell vertraute wiederum auf die Wirkung einer Massenbewegung. Unterstützung fand Repeal in der intellektuellen Gruppe *Young Ireland* um die Zeitschrift ‹The Nation›, die allerdings im Gegensatz zu O'Connell für einen irischen Nationalismus warb, der auch die Protestanten umfassen sollte, während O'Connell vom Aufgehen der Protestanten in der katholischen irischen Nation sprach, das ohne britischen Beistand zwangsläufig erfolgen werde.[17] Anders als bei der Katholikenemanzipation schlossen sich allerdings die Reihen des britischen Establishments fest gegen das Bestreben, die Union aufzuheben. Regierung und Parlament waren unter keinen Umständen bereit, dieser Forderung nachzugeben. O'Connell wurde sogar für einige Zeit in Haft genommen, die Massenkundgebungen verboten und größere Truppenkontingente in Irland stationiert. Bevor O'Connell 1847 starb, hatte er noch das Scheitern der Repeal-Bewegung erkennen müssen.

Im 18. Jahrhundert hatten die irischen Protestanten einen Kolonialnationalismus entwickelt, in den manche ihre katholischen Landsleute durchaus einbeziehen wollten. Henry Grattan etwa, Führer der Dubliner Parlamentspartei der Patrioten, forderte 1796 die Ausdehnung des passiven Wahlrechts auch auf Katholiken, da die irischen Protestanten niemals wirklich frei sein könnten, solange nicht auch die irischen Katholiken aus ihrer Sklaverei erlöst würden. Für die dadurch eventuell mögliche Herausbildung einer irischen Nation, die die unterschiedlichen Konfessionen verbinden könnte, wirkte die enge Verknüpfung von katholischer Emanzipation und Nationalismus, die O'Connell betrieb, freilich verhängnisvoll. Die starke Involvierung des Klerus in seine Organisation und die Aussagen über ein Aufgehen in der katholischen Nation trafen den Nerv protestantischer Sorgen und erregten heftige anti-katholische Ressentiments. Fast zwangsläufig reagierten darauf Anglikaner und Presbyterianer mit einer Annäherung und untermauerten ihre ideologischen Gemeinsamkeiten.

Die Verhärtung des inter-konfessionellen Antagonismus zeigte sich, als O'Connell gegen die Union zu agitieren begann. Gegen die parlamentarische Allianz von *Whigs* und irischen Katholiken und ganz besonders gegen Repeal wandte sich eine machtvolle protestantische Bewegung in Ulster. Der presbyterianische Prediger Henry Cook sprach auf einer konservativen Kundgebung im Oktober 1834 von einer eng zusammengefügten Phalanx von Unglauben und Papismus, die für die protestantischen Glaubensgemeinschaften eine unmittelbare Gefahr bedeute. Repeal sei nur eine geheime Losung für römische Vorherrschaft und Auslöschung der Protestanten. Mit diesen Worten gab Cook die Meinung vieler Ulster-Protestanten wieder, die im gleichen Jahr 1834 trotz Verbotes zu Zehntausenden ihren Zusammenhalt und die Ablehnung von Repeal in Demonstrationszügen kundtaten, bei denen etliche Orange-Männer bewaffnet auftraten. In einer Rede von 1841 verwies Cook auf den Wohlstand Ulsters, den man der Union verdanke, dem Geist des Protestantismus und der Freiheit, die die Ulster-Protestanten gegen die Bestrebungen O'Connells verteidigen würden.[18] Das deutet auf die immensen wirtschaftlichen Unterschiede hin, die sich seit dem Einsetzen der Industrialisierung in Ulster zwischen dem Norden und dem weiteren Irland aufgetan hatten: Der Süden verharrte in einem vor-industriellen Zustand, während sich die ökonomischen – und damit auch die sozialen – Verhältnisse in Ulster dramatisch wandelten. Vor allem Belfast mit seiner Leinenproduktion und dem Schiffbau wurde zum Motor der Veränderung; die Stadt hatte 1782 noch 13 000 Einwohner gezählt, 1831 waren es schon 50 000 und 1861 mehr als 120 000 (Ende des Jahrhunderts schließlich 350 000). Im von O'Connell ausgerufenen «Repeal-Jahr» 1843 konnte man in einem Leitartikel des ‹Northern Whig›, der bedeutendsten liberalen

Zeitung Ulsters, zum ersten Mal von der Idee lesen, dass für den Fall der Auflösung der Union der Norden sich vom Rest Irlands abspalten solle.[19] Die Union mit Großbritannien war zum wichtigsten Identifikationsfaktor für die protestantische Gemeinde in Irland geworden, die Protestanten einhellig zu Unionisten; Unterschiede zwischen Angehörigen der Hochkirche und *Dissentern* hatten demgegenüber ihre Bedeutung weitgehend verloren.

Auch die gewalttätigen Auseinandersetzungen auf dem Land, die im 19. Jahrhundert anhielten, obschon in geringerem Umfang als vor 1798, vertieften die Spaltungen zwischen protestantischer Gesellschaft auf der einen und katholischer auf der anderen Seite. Die *Defenders* agierten jetzt unter dem Namen *Ribbonmen* und waren in Ulster am stärksten. Auf Seiten der anderen Konfession nahm die Orangisten-Bewegung an Größe zu; zunehmend trat auch die protestantische Gentry ein. 1825 allerdings verbot London den Oranierorden, einige Jahre später auch das Tragen orangefarbener Insignien bei Paraden, aus Sorge um den öffentlichen Frieden in Irland. Nichtsdestoweniger blieb das Geflecht der Organisation erhalten; als legales Substitut entstanden seit 1828 zahlreiche protestantische Clubs.

II. Vorgeschichte:
Zwei Nationen auf einer Insel

1. Der Kampf um Home-Rule

Die Auseinandersetzung um Home-Rule, d. h. eine Form der irischen Selbstregierung, war auch die wichtigste innenpolitische Kontroverse Großbritanniens in den 1880er Jahren und dann wieder von 1910 bis zum Ersten Weltkrieg, mit weit reichenden Folgen: Auf der einen Seite für Irland, weil in dieser Auseinandersetzung die katholisch-nationalistische Bevölkerung und die Ulster-Protestanten sich in einem unversöhnlichen Antagonismus gegenüberstanden – bis an den Rand eines Bürgerkrieges –, der am Ende nur durch die Teilung der Insel aufgelöst werden konnte, wobei die Teilung sogleich Nahrung für weitere Konflikte gab. Auf der anderen Seite für Großbritannien, weil sich über dieser Frage die Liberale Partei spaltete, womit die Konservativen für lange Zeit zur dominierenden Kraft wurden, und weil Home-Rule für den innenpolitischen Kampf instrumentalisiert, zur Überlebensfrage des Empires stilisiert wurde und sich damit die politische Rhetorik über alle Maßen verschärfte.

Während auf dem Kontinent 1848 fast überall Revolutionen aufflammten, kam es in Irland ungeachtet der angespannten sozialen und politischen Lage nicht zu einem größeren Aufruhr. Das Ausbleiben einer wirkungsvollen Empörung – trotz der kurz zuvor bewiesenen Stärke der Repeal-Bewegung – lag wesentlich daran, dass sich zur gleichen Zeit die Tragödie der Hungersnot in Irland abspielte. Der Große Hunger kam 1845 über die Insel, damals das am dichtesten besiedelte Land Europas: Im September brach die Kraut- und Knollenfäule aus und zerstörte den größten Teil der Kartoffelernte, von der viele im armen Irland abhingen, weil die Kartoffel ihr einziges oder doch Hauptnahrungsmittel war. Bis 1849 grassierte die Fäule und wütete mit ihr die Hungersnot; etwa eine Million Menschen starben, noch einmal so viele emigrierten. Am härtesten traf es die ärmste Provinz, Connaught. Doch auch Ulster wurde schwer mitgenommen: Die Einwohnerzahl dort fiel von 1841 bis 1851 um 374000, etwa um 16% (in ganz Irland lag die Quote bei 20%). Ulster zählte rund 224000 Tote über der normalen Sterbequote, vor allem im Süden, d. h. in den überwiegend von Katholiken bewohnten Gegenden. Katholiken waren die Armen Ulsters, und die Hungersnot traf insbesondere diejenigen, die sich keine anderen Nahrungsmittel leisten konnten.[1]

Bis heute hält sich der Vorwurf, die britische Regierung habe zu wenig Unterstützung für Irland geleistet oder gar durch bewusste Zurückhaltung einen Völkermord begangen. Letzteres leitet sich u. a. aus entsprechenden Äußerungen englischer Politiker ab, die einer malthusianischen Logik folgten und daher in der Hungersnot eine notwendige «Bereinigung» des irischen Überbevölkerungsproblems sahen. Auf der anderen Seite gab es – vor allem durch die konservative Regierung Peel – substanzielle Hilfsprogramme, die freilich unzureichend waren und vom 1846 ins Amt kommenden Whig-Kabinett Russell wieder beendet wurden, weil Hilfe ohne Gegenleistung wirtschaftsliberalen Grundsätzen widersprach. Erst ein Jahr später mussten die Liberalen angesichts der irischen Schreckensbilder von ihren Prinzipien lassen und eine kostenlose Massenspeisung einführen, von der zeitweise zwei Millionen Menschen abhingen. Wie man auch immer die Haltung Großbritanniens bewerten mag: Aus Sicht des katholischen Irlands hatte sich die Union mit dem Großen Hunger vollkommen diskreditiert.

Ausgehend von dem festen Glauben, dass die Landfrage die Wurzel des Übels in Irland darstellte, wurde 1850 aus dem Kreis des Jungen Irland eine Liga zur Verbesserung der Rechte der Pächter gegründet. Die Dimension des Problems der Landverteilung zeigte ein offizieller Report von 1876: Danach gehörten fast 70% des Grundes in Irland weniger als 2000 Menschen – etwa ein Fünftel war sogar in den Händen von nur 110 Eigentümern –, während über drei Millionen Pächter und Landarbeiter kein oder

nur sehr wenig Land besaßen.[2] Um wirtschaftliche Betriebs-
größen zu erreichen, wurden nach dem Ende der Hungersnot
zahlreiche dieser Kleinpächter von ihrem Land vertrieben. Hier
setzten die Forderungen der Liga an, die vor allem Sicherheit der
Pachtverträge durchsetzen wollte. Weitere Ziele waren niedrigere
Pachtraten und das Recht des freien Verkaufs der Pachtverträge;
zusammen bildeten diese Forderungen die so genannten «drei F»
(*Fair Rent, Fixity of Tenure, Free Sale*). Die Liga agierte zeitweilig
sehr erfolgreich auch als parlamentarische Vertretung, nach den
Unterhauswahlen von 1852 sandte sie 40 Abgeordnete nach
London. Im Streit aber um die Frage, ob man mit einer liberalen
Regierung zusammenarbeiten solle, zerbrach die Pächterliga und
stürzte in die Bedeutungslosigkeit.

Das Scheitern dieser konstitutionellen Bewegung – zusammen
mit den seit der Hungersnot übermächtigen Ressentiments
gegenüber der britischen Herrschaft in Irland – führte 1858
und 1859 zur Gründung einer Geheimgesellschaft in Irland und
New York, die sich den gewaltsamen Umsturz auf die Fahnen
geschrieben hatte: In Irland nannten sich die Gruppen «*Irish
Revolutionary* (später *Republican*) *Brotherhood*» (IRB), in den
USA «*Fenian Brotherhood*» (nach gälisch *Fianna*, einer legen-
dären Armee des 2. und 3. Jahrhunderts). Neben einer radikalen
Landreform propagierten die Fenier, so der allgemein gebräuch-
liche Terminus auch für den irischen Zweig, den Einsatz militärischer Gewalt, mit der Großbritannien zum Abzug aus Irland
gezwungen werden sollte. Das Ende des amerikanischen Bürgerkriegs 1865 ließ etliche irische Soldaten in amerikanischen
Diensten wieder nach Irland strömen. Sie bildeten ein erhebliches
militärisches und revolutionäres Potenzial. 1867 wollte die Führung der Fenier losschlagen, aber die Bewegung zählte mittlerweile so viele Köpfe (um die 50–60 000 Mann), dass die britische
Aufklärung sie leicht hatte unterwandern können. Der Aufstand
fand nicht statt, weil alle Führer bereits vorher verhaftet wurden –
und wegen der wieder einmal vollkommen dilettantischen Vorbereitung. Das teilweise brutale Vorgehen der Briten und die harten
Strafen gegen die Rädelsführer riefen jedoch in Irland eine Welle

der Solidarität und Sympathie mit den Feniern hervor, sogar in der katholischen Kirche, die ihnen sonst aufgrund der gewalttätigen Ideologie scharf ablehnend gegenüberstand. Trotz ihres Scheiterns war die IRB das Muster und Namensgeberin für alle späteren Unabhängigkeitsbewegungen, die auf einen gewaltsamen Umsturz abzielten.

1868 führte der Liberale William Ewart Gladstone erfolgreich einen Wahlkampf um das Parlament in Westminster, u. a. mit dem Schlagwort «Gerechtigkeit für Irland». Nach der Wahl erklärte er, seine Mission sei, Irland zu befrieden, was sich auf den missglückten Fenier-Aufstand bezog, aber auch die fundamentalen Spannungen auf der Nachbarinsel meinte. Dieser Richtungswechsel der britischen Politik war am Anfang allein auf Gladstone zurückzuführen, der in der Befriedung Irlands eine persönliche Herausforderung sah.[3] Seine erste gesetzgeberische Maßnahme in Bezug auf Irland war das *Disestablishment* der Kirche von Irland 1869, d. h. die Aufhebung der Verbindung von Staat und Kirche. Die Kirche von Irland wurde aus der staatlichen Kontrolle entlassen, musste aber einen erheblichen Teil ihres Besitzes an den Staat abgeben. Eine solche Maßnahme war längst überfällig gewesen: Laut dem Zensus von 1861 gab es in Irland 690000 Angehörige der Staatskirche, bei einer Gesamtbevölkerung von 5,7 Millionen. Mit anderen Worten: Sieben Achtel der Bevölkerung zahlten mit ihrem Kirchenzehnten für die Kirche von Irland, in der sie nicht Mitglieder waren, und ihren Klerus. Dem *Disestablishment* folgte 1870 ein Gesetz, durch das die Regierung zum ersten Mal die Pächter in ihrem Verhältnis zum Landeigentümer schützte. Auch Gladstone sah in der Landfrage das irische Hauptproblem: Zwar war seit dem Großen Hunger die Armut der ländlichen Gesellschaft geringer geworden – zynisch gesagt: im malthusianischen Sinne hatte der Hunger erfolgreich die Überbevölkerungskrise gelöst –, es gab jedoch eher noch mehr agrarische Unruhen. Der Gladstoneschen Reformpolitik setzte allerdings vorerst der Wahlsieg der Konservativen unter Disraeli von 1874 ein Ende.

1870 gründete der irisch-protestantische Anwalt Isaac Butt die *Home Government Association*, aus der drei Jahre später die

Home Rule League hervorging. Butt wollte vor allem die irische Sache auf streng legalem Weg verfechten und den sehr beliebten Feniern und ihrer Ideologie vom notwendigen gewaltsamen Sturz der britischen Herrschaft das Wasser abgraben. Die Home-Rule-Liga setzte sich für eine eigenständige irische Legislative und Exekutive ein, die aber weiter unter Kontrolle Westminsters stehen sollten, nach dem Muster der «Verfassung von 1782». Butts Organisation traten sogleich auch etliche Fenier bei, die Home-Rule als Sprungbrett für die vollständige Unabhängigkeit sahen. Dadurch aber schloss die gemäßigte und konservative Liga, die sich überwiegend an die katholischen Mittelschichten wandte, von Anfang an auch eine radikale republikanische Richtung ein, für die Gewalt ein legitimes Mittel des Unabhängigkeitskampfes war.

Die Home-Rule-Liga hatte sofort bemerkenswerte Erfolge an den Wahlurnen und gewann schon 1874 die Hälfte aller irischen Parlamentssitze. Dennoch verlor der honorige Butt 1877 den Vorsitz an den jungen, charismatischen Charles Stewart Parnell, ebenfalls ein irischer Protestant. 1880 wurde Parnell auch Vorsitzender der irischen Parlamentarier (*Irish Parliamentary Party*, IPP). Im Gegensatz zu Butt war Parnell ein radikaler Streiter für Home-Rule, der die vollständige Loslösung Irlands aus der Union wollte und zur Durchsetzung dieses Ziels auf – allerdings konstitutionellen – Widerstand gegen Großbritannien statt auf Kooperation setzte. Mit diesen Absichten stimmte die Führung der Fenier überein, die daraufhin auf individueller Ebene eine Zusammenarbeit mit der Parlamentspartei befürwortete. Ein Report der irischen Polizei (*Royal Irish Constabulary*, RIC) von 1887 musste folglich bemerken, dass von den 83 Mitgliedern der Parlamentsfraktion Parnells 21 wahrscheinlich aktive Mitglieder der IRB und zwei ehemalige Mitglieder waren sowie vier weitere ihr zumindest nahe standen.[4]

Ganz offen trat die Zusammenarbeit zwischen Parlamentsfraktion und Untergrundorganisation 1879 zutage, als der Fenier Michael Davitt die *National Land League* gründete und Parnell ihr Präsident wurde. Die Landliga führte eine höchst aggressive Kampagne gegen die Notsituation der Kleinpächter und Arbeiter auf dem Land, die sich durch eine Agrarkrise mit mehreren Missernten seit 1877 noch erheblich verschärft hatte. Die dabei eingesetzten Mittel – Pachtstreik, Boykotte und Gewalt gegen Landbesitzer, einschließlich dem Anzünden von Scheunen, Viehdiebstahl und -verstümmelung, aber auch Mordtaten – trugen der Kampagne der Landliga die Bezeichnung «Krieg auf dem Land» ein (*Land War*). Gladstone, mittlerweile zum zweiten Mal Premierminister, brachte infolgedessen im März 1881 ein Zwangsgesetz durch, das u. a. die Habeas-Corpus-Akte (Verbot der willkürlichen Verhaftung) aufhob. Gleichzeitig ging er aber auf die Forderungen der Landliga ein, indem das Parlament in Westminster ein Landgesetz beschloss, das die lang geforderten «drei F» garantieren sollte. Allerdings unterstützte Parnell die Maßnahme nicht, und die Agitation der Landliga nahm entgegen Gladstones Erwartungen nicht ab. Im Oktober 1881 wurde daraufhin Parnell festgenommen und (unter Anwendung des Zwangsgesetzes ohne Prozess) inhaftiert. Außerdem wurde die Landliga verboten. Die trotzdem anhaltende Gewalt auf dem Land brachte Gladstone im folgenden Jahr dazu, mit Parnell ein informelles Bündnis zu schließen (der nach dem Gefängnis, in dem der Präsident der Landliga saß, benannte «*Kilmainham Treaty*»). Parnell und weitere Führer der Landliga wurden freigesetzt und das Zwangsgesetz aufgehoben. Parnell erhielt darüber hinaus die Erlaubnis, mit der *Irish National League* eine Nachfolgeorganisation der Landliga zu gründen. Dafür sagte er zu, die Unruhen zu beenden und das Landgesetz zu unterstützen. Er versprach überdies, sich zukünftig strikt an ein konstitutionelles Vorgehen zu halten. Dies erfuhr auch die Billigung der katholischen Kirche, die seit 1884 Home-Rule zu unterstützen begann. Damit hatten sich abermals die Reihen der Verfechter der nationalistischen und der katholischen Sache in Irland geschlossen.

Im Dezember 1885 wurde bekannt, dass Gladstone im Falle seiner erneuten Wahl zum Premierminister schnellstmöglich ein Gesetz zur Einführung von Home-Rule vorlegen wollte. Damit war ihm die Unterstützung der irischen Parlamentspartei sicher. Im Februar 1886 wurde Gladstone tatsächlich mit den Stimmen der

Iren (die IPP hatte 86 von insgesamt 105 irischen Unterhaussitzen erobert) zum dritten Mal Regierungschef. Anfang April 1886 brachte er wie versprochen die erste Home-Rule-Gesetzesvorlage ins Unterhaus ein, die die Einrichtung eines irischen Zweikammern-Parlaments und einer irischen Exekutive vorsah. Die britische Regierung sollte allerdings die Kompetenz nicht nur in allen sicherheits- und außenpolitischen Fragen, sondern auch in etlichen anderen Bereichen behalten, z. B. würde sie weiterhin einen *Lord Lieutenant* als Leiter der Verwaltung ernennen. Das irische Parlament sollte die Steuerhoheit erhalten, aber jährliche Beiträge zum britischen Haushalt leisten müssen. Zur Begründung seiner Vorlage sagte Gladstone, er sei überzeugt, mit dem Gesetz dem Wunsch ganz Irlands zu folgen, immerhin seien fünf Sechstel seiner gewählten Repräsentanten einer Meinung in dieser Sache. Der langen Begründungsrede des Premiers folgte eine überaus hitzige Debatte. Konservative und Unionisten warfen Gladstone Verrat am Empire vor. Der Widerwille gegen Home-Rule reichte allerdings auch tief bis in Gladstones eigene Liberale Partei hinein, wie der Ausgang der Abstimmung zeigte: Am 8. 6. 1886 wurde die Gesetzesvorlage im Unterhaus abgelehnt, mit 343 zu 313 Stimmen; 93 Liberale stimmten dabei gegen die eigene Regierung und spalteten sich von ihrer Partei ab.

Die irische Home-Rule-Partei zerfiel 1891 über der Frage, ob Parnell, der eine Liebesbeziehung zur Frau eines Parteifreundes unterhielt, weiterhin Parteivorsitzender bleiben durfte. Der hoch moralische Gladstone verweigerte jede Zusammenarbeit mit der IPP, solange Parnell sie führte. Parnell wollte von seinem Kampf nicht lassen; er musste aber das Scheitern seiner Ambitionen erkennen und starb 1891, nur 45 Jahre alt, als gebrochener Mann. Bis zur Jahrhundertwende blieb die IPP tief zerstritten und ohne ihren charismatischen Führer politisch bedeutungslos. Trotzdem brachte Gladstone, der 1892 überraschend noch einmal die Wahlen gewonnen hatte, 1893 eine zweite Gesetzesvorlage zu Home-Rule ein, die auch von der Koalition der Liberalen und Iren im Unterhaus angenommen wurde; die Lords hingegen wiesen sie mit großer Mehrheit zurück. Im folgenden Jahr errangen die unionistischen Konservativen wieder die Mehrheit im Unterhaus und stellten bis 1905 die Regierung. Ihre Politik wurde bezeichnet als «*killing Home Rule with kindness*»; das meinte, den Bestrebungen nach Eigenregierung den entschiedenen Willen zur Aufrechterhaltung der Union auf der einen und deutliche Verbesserungen in der Landfrage auf der anderen Seite entgegenzusetzen. Mit mehreren Gesetzen bis 1903 bekamen die irischen Pächter die Gelegenheit, zu günstigen Konditionen und finanziert durch staatliche Kredite das von ihnen bewirtschaftete Land zu erwerben. Mit dieser in der Tat sehr erfolgreichen Politik verschwand die Debatte um Home-Rule, die sowohl die irische als auch die britische Innenpolitik über ein Jahrzehnt dominiert hatte, von der Tagesordnung. Erst als 1910 erneut eine Regierung der Liberalen auf die irischen Stimmen im Parlament angewiesen war, tauchte sie mit Vehemenz aus der politischen Vergessenheit wieder auf.

Die aufkommende Idee von der irischen Eigenständigkeit rief – wie schon im Falle der Repeal-Bewegung –, sogleich schwer wiegende Befürchtungen bei den Ulster-Protestanten hervor. Im Februar 1874 schrieb der ‹Belfast News-Letter› warnend, Home-Rule bedeute schlicht «*Rome Rule*», d.h. die Herrschaft der römisch-katholischen Kirche. Das rasche Wachstum der Home-Rule-Partei und ihre beachtlichen Wahlerfolge entfesselten heftige Reaktionen in Nordirland; die Protestanten scharten sich um den Oranierorden, sogar Gentry und Bourgeoisie, die bis dahin auf diese organisierte Form des Gedenkens an den Sieg Wilhelms III. von 1690 als unziemliche und derbe Angelegenheit für die Unterschichten herabgesehen hatten.

Bei einer Nachwahl gewann 1882 ein Home-Rule-Kandidat den Wahlkreis in Monaghan im Süden Ulsters; das bedeutete den Startschuss zu einer nationalistischen Kampagne, die – unter der provozierenden Parole: «*All Ulster is ours*» – mit etlichen öffentlichen Versammlungen in der ganzen Provinz geführt wurde. Das empfand die protestantische Seite wiederum als «Invasion Ulsters», woraufhin der Oranierorden zu Gegenkundgebungen aufrief. Die Orange-Männer beschlossen, jeder nationalistischen

Versammlung eine eigene Demonstration entgegenzustellen, zur gleichen Zeit, am gleichen Ort. Die Aktionen schaukelten sich dann gegenseitig hoch, zuweilen bis zur offenen Straßenschlacht.

Ebenso wie die Handlungen militarisierte sich auch die Sprache der Unionisten. So fragte etwa der Herausgeber der Zeitschrift ‹Imperial Reporter› in einem Kommentar zum angekündigten Besuch Parnells in Dungannon im September 1883, ob Ulster willens sei, den Anführer der Feinde des vereinten Empires zu dulden, den Vorkämpfer des Prinzips «Irland den Iren», was nichts anderes heiße als: «Irland den Römisch-Katholischen». Auf die rhetorische Spitze trieb es ein «Großmeister» des Oranierordens, der drohte: Wenn es zu einem nationalistischen Aufstand in Irland komme, solle man jeden Priester in Nordirland als Geisel nehmen und verlauten lassen, dass, wenn nur einem Protestanten im Süden oder Westen ein Haar gekrümmt werde, man mit ihnen kurzen Prozess machen würde.[5]

Der politische Widerstreit zwischen Liberalen und Konservativen im unionistischen Lager, während die Home-Ruler bei den Katholiken eindeutig dominierten, bereitete bei den Wahlen zum Parlament in Westminster 1885 den Boden für einen großen Erfolg der Nationalisten, die 17 der 33 Sitze Ulsters errangen. Zur Herstellung einer unionistischen Einheitsfront wurde daher Anfang des folgenden Jahres die *Ulster Loyalist Anti-Repeal Union* als Dachorganisation gegründet, die eng mit dem Oranierorden zusammenarbeitete. Wie auf katholisch-nationalistischer Seite waren damit neben den ideologischen auch die politischen Reihen des Unionismus fest geschlossen. Oder, wie aus Sicht der Ulster-Protestanten der Führer der irischen Unionisten in Westminster, Edward Saunderson, schrieb: Jetzt gebe es zwei Irland, eines illoyal, das seine Ziele durch Einschüchterung, Mord, Drohung mit Revolte und Separatismus zu erreichen suche, indem es England erpresse; das andere, loyale Irland strebe nach dem Wohlergehen des Landes mit jedem legalen Mittel, innerhalb der Verfassung des Empire.[6]

Nach den verlorenen Wahlen von 1885 suchten die britischen Konservativen ein neues politisches Schlachtfeld, auf dem sie

Gladstones Liberalen erfolgreich würden entgegentreten können. Eine solche Neuorientierung schien nötig, um eine permanente Dominanz der Liberalen zu verhindern, die sich aufgrund der Wahlrechtsreform von 1884 am Horizont abzeichnete: Mit ihr erlangten etwa 60% der Männer im Vereinigten Königreich das Wahlrecht, außerdem wurden die Wahlkreise neu zugeschnitten, sodass sie das Interesse der rasch gewachsenen Industriestädte besser repräsentierten. Dadurch aber verlor die traditionelle Machtbasis der Konservativen, das Land, seine Vorrangstellung in der britischen Politik. Das gesuchte Schlachtfeld fanden die Konservativen im Imperialismus und in der Ideologie der unabdingbaren Einheit des britischen Empires. Damit traf man auch den Nerv einer starken liberal-imperialistischen Fraktion unter Joseph Chamberlain – die sich dann 1886 von ihrer Partei abspalten sollte –, während Gladstone ein strikter Gegner des Imperialismus war. Wichtigste Gefechtslinie dieses Kampfes sollte der Erhalt der Union von Großbritannien und Irland sein. In Verfolgung dieser Strategie banden sich die britischen Konservativen im Vorfeld der ersten Home-Rule-Gesetzesvorlage 1886 enger an den Oranierorden; Höhepunkt der gemeinsamen Kampagne war eine große Versammlung von Konservativen und Orange-Männern im Februar 1886 in Belfast. Hauptsprecher war Lord Randolph Churchill, der gegen Gladstone die «Orange card» ausspielte. Zum ersten Mal fasste Churchill die Grundlage des Bündnisses von Konservativen und Unionisten in die Worte, die zum Kampfruf Ulsters wurden: «Ulster will fight, and Ulster will be right.» Er fuhr fort: An ihnen, den Unionisten, liege es vordringlich, ob Irland ein integraler Bestandteil «dieses großartigen Empires» bleibe oder zum Zentrum «ausländischer Intrigen und tödlicher Verschwörungen» werde.

Die Kampfbereitschaft der Ulster-Unionisten zeigte sich unterdessen nicht allein in markigen Worten: In den Tagen der Debatte um die Home-Rule-Gesetzesvorlage im Unterhaus (Anfang Juni 1886) kam es in Belfast zu den schwersten Ausschreitungen, die Irland im 19. Jahrhundert sah. Bei wochenlangen Tumulten starben 32 Menschen, 371 wurden verletzt. Laut der Zeitung

‹Northern Whig› demonstrierten die Ausschreitung, die früher oder später hätten kommen müssen, im Kleinen, was passieren würde, wenn man Home-Rule ernsthaft in Kraft setze. Trotz dieser eindeutigen Indizien für die Kampfeslust der Ulster-Unionisten unterschätzten Liberale und irische Nationalisten den möglichen Widerstand gegen Home-Rule beharrlich: Parnell etwa ging maximal von einer kleinen Gruppe von Landbesitzern und Handwerkern im Norden aus, die sich widersetzen würden; bewaffneten Widerstand gar hielt man für absolut unwahrscheinlich. Viele Nationalisten glaubten, das Problem werde sich von selbst erledigen. Eine Abordnung der Liberalen Partei, die 1887 Ulster bereiste, schrieb in ihrem Bericht: Die Mehrheit derjenigen in Ulster, die Home-Rule ablehnten, werde, wenn man es realisiere, die Differenzen der Vergangenheit vergessen. Die Erkenntnis einer gemeinsamen Interessenlage werde sie zwingen, sich ihren Landsleuten bei der Regierung Irlands anzuschließen. In seinem Buch ‹Ulster As It Is› (London 1896) hingegen schilderte Thomas MacKnight ein Treffen mit führenden Geschäftsleuten in Belfast (darunter William Pirrie, dem Chef von Harland & Wolff, der in Belfast ansässigen größten Werft der Welt, in der u. a. 1912 die «Titanic» vom Stapel lief) von 1886: Sie hätten alle übereinstimmend gesagt, dass unter einem irischen Parlament und einer irischen Regierung keine Sicherheit bestehen würde, weder für ihr Leben noch für ihr Eigentum, dass kein Fair Play gegenüber den Anhängern der Union im Norden zu erwarten sei und damit kein Vertrauen, ohne das Belfast nicht weiter prosperieren könne. Sie hätten alle ihrem Gastgeber zugestimmt, dass die großen Industrieunternehmen der Stadt sich eine neue Heimat auf der anderen Seite der Irischen See würden suchen müssen.

Um ihren anhaltenden Protest gegen Home-Rule auch nach dem Scheitern der ersten Gesetzesvorlage zu demonstrieren, beriefen liberale und konservative Ulster-Unionisten mit Hilfe der britischen Konservativen im Juni 1892 eine große «*Ulster Convention*» nach Belfast, zu der sich annähernd 12 000 Delegierte einfanden. Nach Ende der Tagung wurden auf einem nahe gelegenen Feld noch weitere Reden geschwungen, vor über 300 000 Anhängern; das war mehr als ein Drittel der gesamten protestantischen Bevölkerung Ulsters. Die unionistische Führung rief dabei offen zum passiven Widerstand auf, falls es zu einer Dubliner Regierung käme. Der Widerstand gegen die zweite Home-Rule-Gesetzesvorlage 1893 war allerdings weit weniger heftig, als man nach dieser eindrucksvollen Machtdemonstration hätte erwarten können. Dazu trug die bessere Vorbereitung der Polizei bei, die erneute Straßentumulte verhindern konnte; andererseits waren sich die Unionisten aber auch darüber im Klaren, dass die Vorlage am Veto der Lords im Oberhaus scheitern musste, Home-Rule zu diesem Zeitpunkt also keine Chance hatte, realisiert zu werden.

Die Sache der Ulster-Unionisten verlor nach 1893 an Schwung: Die Konservativen regierten in London, Home-Rule stand für alle deutlich erkennbar nicht mehr auf der Tagesordnung. Dennoch kam es zu einer organisatorischen Verfestigung des Unionismus. Bei weitem die wichtigste in einer ganzen Reihe von Gründungen war der *Ulster Unionist Council* (UUC) als Dachorganisation sämtlicher unionistischer Aktivitäten, der 1904 ins Leben gerufen wurde. Im Zentralrat, dem höchsten Organ des UUC, saßen Repräsentanten regionaler unionistischer Vereinigungen, vom Oranierorden ernannte Vertreter und ex-officio Mitglieder von Unter- und Oberhaus. Die «Regierung» des UUC bildete die professionelle Administration gemeinsam mit einem kleinen ständigen Komitee, in dem einflussreiche Landbesitzer, Geschäftsleute und Freiberufler bestimmend waren. Der UUC entschied künftig über die unionistische Politik.

1906 errangen die Liberalen einen überwältigenden Wahlsieg und konnten nach zwölf Jahren erstmals wieder die Regierung stellen. Das Kabinett unter Premierminister Campbell-Bannermann hatte Home-Rule nicht als wichtigen Punkt auf seiner Agenda – dank eigener Mehrheit war es auch nicht auf die Stimmen der irischen Nationalisten angewiesen. Es sollte nur geringfügige Veränderungen hin zu mehr irischer Selbstverwaltung geben, um nicht erneut eine Spaltung der Partei zu provozieren. Einen kleinen Schritt in diese Richtung stellte der Versuch dar, einen *Irish Council* einzurichten, der sehr begrenzte Kontrollbefugnisse über Lokalverwaltung, öffentliche Arbeiten, Erziehung und Landwirtschaft haben sollte (1908). Schon diese Maßnahme aber alarmierte die Unionisten, die im Unterhaus heftig dagegen agitierten.

Campbell-Bannermann starb 1908; ihm folgte Herbert Henry Asquith als Premier, der gemeinsam mit seinem Schatzkanzler David Lloyd George sogleich eine umfassende Reformpolitik in Angriff nahm. Die Sozialreformen (vor allem die Einführung von Alterspensionen), zu deren Finanzierung deutliche Steueranhebungen vorgesehen waren, riefen den schärfsten Widerstand der konservativen Lords hervor. Das Oberhaus votierte dann auch gegen das so genannte «People's Budget» von 1909, was eine verfassungspolitisch vollkommen neue Situation schuf: Seitdem 1860 alle Steuern in einem Finanzgesetz zusammengefasst wurden, hatte der Grundsatz bestanden, dass die Lords einem solchen Gesetz kein Veto entgegenstellten durften. Der Bruch dieser Übereinkunft, von der Mehrheit im Unterhaus als «Usurpation» ihrer Rechte bezeichnet, führte Anfang 1910 zu Neuwahlen unter dem Slogan «the Lords versus the People». Dabei verloren die Liberalen ihre eigene Mehrheit und waren wieder auf die Stimmen der irischen Nationalisten angewiesen. Mit ihrer Hilfe und der Drohung des neuen Königs Georg V., mittels der Ernennung einer großen Zahl von Peers das Oberhaus gefügig zu machen, veränderte die liberale Regierung 1911 das Prozedere dahingehend, dass die Lords zukünftig Finanzgesetze überhaupt nicht mehr verhindern konnten und ihr Veto bei allen anderen Gesetzen nur noch aufschiebende Wirkung hatte. D. h. Gesetzesvorlagen wurden auch gegen das Veto des Oberhauses Gesetz, wenn sie dreimal in aufeinander folgenden Sessionen im Unterhaus angenommen wurden. Diese Lösung der britischen Verfassungskrise hatte auch für die irische Frage fundamentale Bedeutung.

Asquiths Liberale hatten die Wahlen des Jahres 1910 unter der Losung: «Parlamentsgesetz, Home-Rule, Nationale Versicherung» bestritten. Die Ulster-Unionisten waren sich folglich vollkommen klar, dass Home-Rule jetzt, als die Regierung abermals die Stimmen der inzwischen unter John Redmond wieder vereinigten IPP brauchte, bald erneut auf der Tagesordnung stehen würde. Dazu kam die Besorgnis erregende Gewissheit, dass man sich diesmal nicht wie 1893 auf das Veto der Lords würde verlassen können, um Home-Rule zu verhindern. Mit dieser Perspektive vor Augen begann im November 1910 die Abwendung der Unionisten von einem rein parlamentarisch-konstitutionellen Kampf gegen die irische Selbstregierung: Der UUC bildete ein geheimes Komitee, das den Kauf von Waffen und die Bildung einer Armee zum Kampf gegen Home-Rule vorbereiten sollte. Im September 1911 wurde der prominente Dubliner Anwalt Edward Carson neuer Führer des UUC. An seiner Seite stand James Craig, Sohn eines reichen nordirischen Spirituosenbrenners und ein in der Wolle gefärbter Ulster-Unionist (Craig war später von 1921 bis zu seinem Tod 1940 nordirischer Premierminister). Auf der gleichen Versammlung, die Carson wählte, stimmten 400 Delegierte des UUC einmütig dafür, den Widerstand gegen ein Home-Rule-Parlament vorzubereiten. Die Einsetzung einer provisorischen Regierung für Ulster wurde beschlossen, die dann amtieren sollte, wenn Home-Rule endgültig angenommen würde. Winston Churchill, liberaler Innenminister im Kabinett Asquith, hielt, wie die meisten Liberalen und Nationalisten, die Drohungen der Ulster-Unionisten für bloße Erpressungsversuche, musste allerdings schnell lernen, dass die Wut in Ulster tatsächlich groß und explosiv war. Als er im Februar 1912 nach Belfast fuhr, um dort vor der örtlichen Liberalen Vereinigung zu sprechen, griff ein wütender Mob ihn an und drohte sein Auto umzuwerfen; der Zugang zur Veranstaltungshalle wurde ihm verwehrt, er musste bei strömendem Regen im Freien sprechen und danach auf geheimen Wegen die Stadt verlassen.

Die Konservativen hingegen belebten die eingeschlafenen Beziehungen zu den Unionisten wieder, bot ihnen der Unionismus doch eine hervorragende Möglichkeit, die Partei hinter einer populären Sache zu vereinen, weil in großen Teilen der britischen Bevölkerung Home-Rule als Bedrohung des Empire angesehen wurde; zudem war es eine Chance, sich bei den Liberalen zu revanchieren, deren Reformpolitik vom konservativen Standpunkt betrachtet zerstörerisch auf das Verfassungsgefüge Großbritanniens wirkte. Das neuerliche Ausspielen der «*Orange card*» fiel den Konservativen besonders leicht, als im November 1911 die Parteiführung von Arthur Balfour auf Andrew Bonar Law überging. Bonar Law sagte einmal, vor dem Ersten Weltkrieg habe er sich nur für zwei Dinge in der Politik interessiert: Ulster und die Zollreform. Auch seine Abstammung prädestinierte den neuen Parteiführer für einen unionistischen Kurs, stammte sein Vater doch aus Coleraine und war presbyterianischer Pastor gewesen.

Am Dienstag nach Ostern 1912 besuchten Bonar Law und 70 weitere englische, schottische und walisische Parlamentsangehörige eine Landwirtschaftsausstellung in Balmoral im Süden Belfasts. Mehr als 100000 unionistische Demonstranten reisten in 70 Sonderzügen an. Ihnen gab Bonar Law zu verstehen, dass sie den Durchgang zum Empire bewachten. Er unterstütze ihren Widerstand gegen die Liberalen.[7] Die Schärfe, die Bonar Law in die Auseinandersetzung trug, zeigte sich besonders prägnant in einer Rede, die er am Tag nach der Einbringung der Home-Rule-Gesetzesvorlage ins Unterhaus am 12.4.1912 auf einer unionistischen Massenversammlung hielt (in Blenheim Palace): Die Konservativen betrachteten die liberale Regierung als ein revolutionäres Komitee, das seine despotische Macht durch einen Betrug erlangt habe. Man werde sich im Widerstand gegen sie nicht durch konstitutionelle Bedenken hindern lassen. Welches Mittel sich am effektivsten erweise, man werde es ergreifen. Er wiederhole, was er schon früher gesagt habe: Um einem Versuch, die Ulster-Protestanten um ihr Geburtsrecht als britische Staatsangehörige zu bringen, zu widerstehen, seien alle Maßnahmen angemessen, auch solche gewaltsamer Art. Er könne sich keine Form der Gegenwehr Ulsters vorstellen, die er nicht unterstützen würde.[8]

Höhepunkt der politischen Kampagne in Ulster gegen Home-Rule war der «Ulster-Tag» am 28.9.1912, auf dem der «*Ulster's Solemn League and Covenant*» überall in der Provinz unterzeichnet werden sollte. Die feierliche Eidesformel zählte alle Gründe auf, warum die Protestanten Ulsters gegen eine irische Selbstregierung standen: Sie gefährde den materiellen Wohlstand Ulsters und ganz Irlands, sie untergrabe die bürgerliche und religiöse Freiheit, zerstöre ihre Rechte als britische Staatsbürger und bedrohe die Einheit des Empires. Deshalb gelobten die Unterzeichnenden, mit allen notwendigen Mitteln ihre gleiche Staatsbürgerschaft im Vereinigten Königreich zu verteidigen und die derzeitigen «Machenschaften», ein Home-Rule-Parlament einzusetzen, zu bekämpfen. Sollte ihnen ein derartiges Parlament dennoch aufgezwungen werden, schwöre man, seine Autorität nicht anzuerkennen. Insgesamt unterzeichneten 471 414 Frauen und Männer den Schwur. Das war mehr als die Hälfte aller Protestanten in Ulster.

Es blieb nicht bei der politischen Mobilisierung: Im Januar 1913 fasste der UUC den Beschluss zum Aufbau eines paramilitärischen Verbandes, der *Ulster Volunteer Force* (UVF). Im Gegenzug gründeten die irischen Nationalisten ebenfalls eine Verteidigungsgruppe, die *Irish Volunteers*. Die *Volunteers* entstanden aus dem katholisch-nationalistischen Pendant zum Oranierorden, dem *Ancient Order of the Hibernians* (AOH), der bis 1914 auf 125 000 Mitglieder anwuchs. Die UVF entwickelte sich von einer vorwiegend mit Knüppeln ausgestatteten Paradiertruppe zu einer veritablen Bürgerkriegsarmee, als es ihr gelang, sich in einem spektakulären Coup mit großen Mengen Waffen auszurüsten: In der Nacht vom 24. auf den 25. 4. 1914 landete das Frachtschiff «Clydevalley» mit 35 000 modernen Gewehren und fünf Millionen Schuss Munition aus deutscher Produktion im Hafen von Larne an. Die Waffen wurden im Schutze der Dunkelheit in aller Schnelle ins Land gebracht und an die mittlerweile mehr als 80 000 Mann starke Truppe verteilt («*Larne Gun-running*»). Es kann wohl kein Zweifel daran bestehen, dass die irische Polizei bei dieser Aktion zumindest wegsah – wenn sie nicht sogar tatkräftige Unterstützung leistete. Auch die *Irish Volunteers* griffen im Übrigen auf das freundliche Angebot aus Deutschland zurück und ließen sich von dort Waffen liefern.

Nachdem die Home-Rule-Gesetzesvorlage am 16. 1. 1913 vom Unterhaus angenommen worden war, verlagerte sich der Konflikt auf die Straße und drohte zum offenen Bürgerkrieg auszuarten. Der bis zu diesem Zeitpunkt recht moderate Carson goss zudem noch rhetorisches Öl ins Feuer – auch angesichts der Unentschlossenheit der Regierung in ihrem Vorgehen gegen die UVF: Asquith hatte sich nämlich intern dahin gehend geäußert, dass britische Soldaten nicht gegen einen friedlichen Widerstand der Ulster-Protestanten eingesetzt würden. Im August 1913 sagte Carson auf einer unionistischen Massenversammlung, dass man gegen eine Politik, die Ulster unter ein Parlament zwinge, das aus Mitgliedern des AOH zusammengesetzt sein würde, nicht ohne gesetzwidrige Aktionen ankämpfen könne. Unter dem lauten Jubel seiner Anhänger meinte er, je mehr illegale Handlungen es gebe, desto besser.[9] Im August 1913 kam es zu schweren Ausschreitungen in Londonderry. Den unmittelbaren Anstoß hatte eine große Parade des Oranierordens gegeben. Die Straßenschlachten hielten mehrere Tage an und konnten erst von Militäreinheiten, die von den Unionisten als Freunde begrüßt wurden, beendet werden. Gleichfalls im Sommer 1913 sperrten militante unionistische Arbeiter in Belfast tausende ihrer katholischen Kollegen von ihren Arbeitsstätten aus. Die nationalistische Führung bemühte sich währenddessen zwar deutlich, nichts zu sagen, was die Protestanten verunsichert hätte; sie konnte aber nicht alle Gefolgsleute kontrollieren. Immer wieder war zu hören, dass Irland ein katholisches Land sei und man – wenn Home-Rule endlich komme – freie Hand habe, es auch auf katholische Weise zu regieren.

Die katholische Seite wiederum musste befürchten, dass die britische Regierung nicht fähig und bereit sein würde, die ersehnte Selbstverwaltung gegen den Widerstand der Ulster-Protestanten auch tatsächlich durchzusetzen. Ihr Misstrauen erhielt neue Nahrung im Zusammenhang mit der so genannten «Meuterei von Curragh»: Am 11.3.1914 befahl Winston Churchill, inzwischen Erster Lord der Admiralität und der einzige Minister, der aktiv gegen die UVF vorgehen wollte, einer Marineeinheit, vor Belfast ein Manöver abzuhalten, um Stärke zu demonstrieren. Außerdem wurde der kommandierende General in Irland angewiesen,

Truppen zu sammeln, um Waffendepots in Ulster zu sichern. Der General allerdings widersetzte sich diesen Anweisungen, weil er Spannungen in Ulster befürchtete. Kurz danach erklärten der Kommandeur einer in Curragh (bei Dublin) stationierten Brigade, seine drei Obersten und 55 Offiziere, sie würden eher den Dienst quittieren, als gegen Ulster-Unionisten vorzugehen. Daraufhin versicherte der britische Generalstab den Meuterern, dass ihre Truppen nicht eingesetzt würden, um die beschlossene Home-Rule-Vorlage in Ulster durchzusetzen. Asquith jedoch erkannte die Zusage an die Rebellen nicht an; der Chef des Generalstabs und der politisch verantwortliche Kriegsminister Seely traten zurück. Der Schaden allerdings war bereits angerichtet: Es war der Eindruck entstanden, dass die britische Armee nicht verlässlich sei, wenn es darum ging, ihre Pflicht gegenüber den Unionisten in Ulster zu tun.

Schon im Februar 1912 hatten Churchill – der sich aufgrund der ihm widerfahrenen Feindseligkeit über die Kampfbereitschaft der Unionisten keinen Illusionen mehr hingab – und Schatzkanzler Lloyd George dem Kabinett den Vorschlag präsentiert, Ulster aus Home-Rule auszunehmen, d. h. de facto Irland politisch zu teilen. Sie wurden jedoch von der Mehrheit des Kabinetts einschließlich des Premierministers überstimmt. Im Juni 1912 nahm ein liberaler Unterhaus-Abgeordneter den Gedanken auf und schlug die Exklusion der vier Grafschaften mit deutlicher protestantischer Mehrheit (Antrim, Armagh, Down, Londonderry) aus der Autorität des vorgesehenen Dubliner Parlaments vor. Das Unterhaus wies den Plan allerdings zurück. In den folgenden eineinhalb Jahren brachte die Regierung, die sich mit dem Problem offensichtlich kaum befasste, der Ulster-Frage nur geringes Interesse entgegen. Statt dessen ließ sie eine unvermeidliche Polarisierung der irischen öffentlichen Meinung zu, durch die Unsicherheit über die weitere Entwicklung, mit wilden Hoffnungen auf der einen und übertriebener Furcht auf der anderen Seite.

Angesichts der beiden bewaffneten Bürgerkriegsarmeen in Ulster versuchten Asquith und Bonar Law in mehreren Geheimtreffen Ende 1913, eine Lösung zu finden, wurden dabei jedoch von ihren jeweiligen irischen Partnern behindert: Redmond erklärte, er werde niemals einer Teilung Irlands (er sprach von «Verstümmelung») zustimmen, die Theorie von den zwei Nationen sei eine Schändlichkeit und Blasphemie. Carson sagte Asquith, er könne keine Lösung akzeptieren, die hinter eine vollständige Ausschließung Ulsters aus Home-Rule zurückfalle. Den Kompromissvorschlag der Regierung, wonach jede Grafschaft in Ulster die Möglichkeit haben sollte, sich für eine bestimmte Zeit (sechs Jahre) aus Home-Rule herauszuwählen, lehnte er ab mit den Worten, die Unionisten wollten kein Todesurteil mit einem kurzfristigen Aufschub der Hinrichtung.[10] Im Hinblick auf die unmittelbar drohende Gefahr eines Bürgerkrieges und die offensichtliche Unmöglichkeit, mit militärischen Mitteln gegen die UVF vorzugehen, erwog Asquith nun allerdings ernsthaft die Teilungspläne. König Georg V. drängte seinen Premierminister zu dem Kompromissvorschlag, die sechs nordöstlichen Grafschaften mit protestantischer Mehrheit von Home-Rule auszunehmen. Diese Möglichkeit beschwor aber bei den Unionisten der anderen Grafschaften in Ulster erhebliche Ängste hervor. Carson wollte deshalb unter keinen Umständen weniger als den Ausschluss aller neun Grafschaften.

Am 25. 5. 1914 wurde Home-Rule zum dritten Mal vom Unterhaus beschlossen; jetzt fehlte nur noch die königliche Unterschrift, um die Vorlage Gesetz werden zu lassen. Daraufhin berief Georg am 21. 7. eine Allparteien-Konferenz in den Buckingham-Palast, die aber an der kompromisslosen Haltung der Iren scheiterte. Am Tag nach dem Scheitern demonstrierte die UVF ihre Entschlossenheit, indem 4000 Mann bewaffnet durch Belfast paradierten. Insbesondere in Belfast schien ein Kampf der UVF und der *Irish Volunteers* unmittelbar bevorzustehen. Die von Gerüchten aufgeheizte Atmosphäre war derart, dass sich eine große Anzahl von Kriegskorrespondenten im Hilton-Hotel der Stadt versammelte, die jederzeit mit einem Ausbruch der Gewalt rechneten. Den Journalisten sollte sich jedoch schon nach einigen Tagen, in denen sie vergeblich auf den Ausbruch der Gewalt warteten, ein ungleich bedeutenderes Arbeitsfeld auftun: Am 3. 8.

1914 nämlich rückten deutsche Truppen durch Belgien vor; einen Tag später erklärte Großbritannien dem Deutschen Reich wegen der Verletzung der belgischen Neutralität den Krieg. Der Erste Weltkrieg hatte begonnen, und die Weltkrise beendete einstweilen die Krise in Ulster.

2. Zwei irische Staaten

Die Führer des UUC, Carson und Craig, beeilten sich, sofort nach Ausbruch des Ersten Weltkrieges ihre unbedingte Loyalität zu Großbritannien zu demonstrieren, und unterstellten die UVF in Stärke von 35 000 Mann der britischen Armee. Aus der Bürgerkriegsarmee in britischen Diensten wurde eine eigene Division geformt, die *36th (Ulster) Division*. Die furchtbaren Verluste, die die Einheit in der Somme-Schlacht 1916 erlitt (5500 Gefallene allein an den ersten beiden Tagen der Offensive), machten den 1. 7. zum Gedenktag in Ulster und zum alljährlichen Anlass von Orange-Paraden. Dass bei Kriegsbeginn die Freiwilligen aus Ulster eine eigene Division bekamen, während man dies den Katholiken nicht zugestand, war ein offener Affront gegenüber John Redmond, dem Führer der IPP. Redmond unterstützte trotzdem ebenfalls die britischen Kriegsanstrengungen und rief die *Irish Volunteers* auf, sich freiwillig zu melden. Eine starke Minderheit von etwa 11 000 *Volunteers* missbilligte dieses Entgegenkommen und spaltete sich ab; sie stellten später den Grundstock der *Irish Republican Army* (IRA). Die große Mehrheit aber blieb der IPP treu. Anfangs meldeten sich viele Nationalisten freiwillig, diese Zahl nahm aber seit dem Osteraufstand von 1916 stark ab. Insgesamt dienten etwa 170 000 Iren im Ersten Weltkrieg, das waren annähernd 44 % der männlichen Bevölkerung im wehrfähigen Alter. Von den 40–50 000 Iren, die auf den Schlachtfeldern blieben, waren ungefähr die Hälfte katholischen Glaubens.

Die hohe Zahl der Freiwilligen, die sich auch aus dem Süden für den Krieg gegen Deutschland meldeten, verbarg zunächst, dass sich zu dieser Zeit im irisch-nationalistischen Bewusstsein ein fundamentaler Wandel vollzog. Offen zutage traten diese Veränderungen im Osteraufstand von 1916 und seinem Nachspiel. Am 24.4.1916, Ostermontag, besetzte eine Gruppe von ca. 900 Kämpfern der IRB unter Führung des jungen Patrick Pearse das Hauptpostamt und andere Gebäude im Zentrum von Dublin. Pearse verlas die Proklamation der irischen Republik und rief die Iren zum Aufstand auf. Die vorstoßenden britischen Truppen allerdings wurden von den Einwohnern Dublins zunächst freundlich empfangen. Nach fünf Tagen musste Pearse, der den Titel eines Präsidenten der provisorischen Regierung und Kommandanten der IRA angenommen hatte, den aussichtslosen, aber verbittert geführten Kampf aufgeben und kapitulieren. Die Gefechte hatten die Innenstadt Dublins zerstört; 132 Soldaten und irische Polizisten waren gefallen, dazu 60 Rebellen. Verhängnisvoll aber waren insbesondere die Nachwirkungen: Der britische Kommandeur, General Maxwell, sah den Aufstand als Hochverrat an – worin ihm die meisten Iren, von denen ja viele Väter und Söhne auf britischer Seite im Krieg hatten, wohl zustimmten – und ging entsprechend vor. Kriegsgerichte verhängten 90 Todesurteile; als ersten erschoss man Pearse. Tag für Tag wurden dann die Erschießungskommandos tätig und schon nach einer Woche begann sich die öffentliche Meinung in Irland angesichts des rücksichtslosen Vorgehens der Briten zu wandeln: Waren die gefangenen Rebellen anfangs noch ausgebuht und bespuckt worden, äußerte sich jetzt bei den irischen Abgeordneten und der Bevölkerung deutlicher Unmut. Die Zustimmung zum Krieg fiel rasch; die IPP unter Redmond, die sich dem Unterstützungskurs verschrieben hatte, verlor ihren Rückhalt in Irland. Das hatte zunächst noch keine dramatischen Konsequenzen, weil während des Krieges keine allgemeinen Wahlen abgehalten wurden. Sechs Nachwahlen in Irland bis 1918 jedoch verlor die IPP allesamt deutlich; alle Sitze konnte die 1905 gegründete Partei *Sinn Féin* erobern, die sich zwar am Osteraufstand nicht beteiligt hatte, aber ein Sammelbecken der Radikalnationalisten war.

In den ersten Kriegswochen war der Streit um Home-Rule in Westminster weitergegangen. Am 15.9.1914 sagte Premierminister Asquith im Unterhaus, der patriotische Geist der UVF mache die zwangsweise Einbindung Ulsters «undenkbar», nichtsdestoweniger werde Home-Rule in drei Tagen Gesetz (das geschah mit dem *Government of Ireland Act* vom 18. 9. 1914). Man werde die irische Selbstregierung aber bis zum Kriegsende nicht einführen, und er versprach Sonderregelungen für Ulster. Auch führende konstitutionelle irische Nationalisten wie Redmond, John Dillon, sein Nachfolger als Vorsitzender der IPP, und der Führer der Nationalisten in Ulster, Joseph Devlin, waren seit 1914 mit einigem Zögern zu der Erkenntnis gelangt, dass es ausgeschlossen sei, Ulster unter ein Parlament in Dublin zu zwingen, und man infolgedessen eine Art der Teilung hinnehmen müsse. Das Erstarken der radikalen *Sinn Féin* allerdings, namentlich nach dem Osteraufstand, bewies, dass die irisch-katholische Bevölkerung nicht bereit war, diesen Kurs mitzutragen; das wiederum nahm den Gemäßigten die Möglichkeit, einem solchen Projekt zuzustimmen, wenn sie nicht einen Sturz in die Bedeutungslosigkeit riskieren wollten.

Nach dem Osteraufstand sandte Asquith Rüstungsminister Lloyd George nach Irland, um über eine Regelung von Home-Rule zu verhandeln. Es gelang ihm, den UUC erstmals zur Annahme des Vorschlags zu bewegen, nach dem die sechs Grafschaften aus der irischen Selbstverwaltung ausgenommen werden sollten. Jedoch verlief die Initiative im Sande, aufgrund des hinhaltenden Widerstands der Unionsanhänger aus dem Süden, die sich durch den Teilungsplan schutzlos der katholischen Mehrheit ausgeliefert sahen. Neue Dynamik brachte dann die Aufforderung des US-Präsidenten Wilson, der unter starkem Druck seiner heimischen irischen Lobby stand, Großbritannien solle den Iren entgegen kommen. Lloyd George, seit Dezember 1916 Premierminister einer Koalitionsregierung, der auch die Ulster-Unionisten angehörten (nicht jedoch die IPP) – Carson sogar als Mitglied des innersten Zirkels, des Kriegskabinetts –, wandte sich folglich an Redmond und bot ihm 1917 an, Home-Rule sofort zu gewähren, wenn er sich mit der Exklusion der sechs mehrheitlich protestantischen Grafschaften in Ulster abfinden würde. Redmond konnte dies nicht annehmen, da seine Partei ohnehin von

Seiten der Radikalen unter Druck stand, und schlug statt dessen eine Konferenz vor, auf der alle betroffenen Gruppen vertreten sein sollten. *Sinn Féin* jedoch lehnte die Teilnahme an der *Irish Convention* (Juli 1917 bis April 1918) ab, weswegen jedem Beschluss von vornherein die Legitimation gefehlt hätte, und die Vertreter der Unionisten zeigten sich so kompromisslos, dass die Konferenz scheitern musste.

Die Absicht der britischen Regierung vom Frühjahr 1918, die allgemeine Wehrpflicht auch in Irland einzuführen, stärkte noch einmal den irisch-katholischen Nationalismus; eine breite Widerstandsfront aus IPP, *Sinn Féin*, Gewerkschaften und katholischer Kirche wandte sich gegen dieses Ansinnen. Wie sehr sich die zunächst kooperativen konstitutionellen Nationalisten desavouiert fühlten, zeigen die bitteren Worte John Dillons, dass sich die Regierung in London sehr darum bemühe, in Irland nur republikanische Separatisten und Ulster-Loyalisten übrig zu lassen. Dillons düstere Prophezeiung bewahrheitete sich rasch.

Was schon die Nachwahlen angedeutet hatten, offenbarte sich bei den allgemeinen Wahlen zum Unterhaus vom Dezember 1918 (wegen der vielen teilnehmenden Soldaten «Khaki-Wahlen» genannt) in aller Klarheit: Die IPP wurde praktisch ausgelöscht, sie behauptete gerade einmal 6 von 80 Wahlkreisen, die zudem noch alle in Ulster lagen; *Sinn Féin* hingegen gewann 73 der 105 Mandate in Irland, die Unionisten 26. Damit hatte der Erste Weltkrieg die politischen Bedingungen in Irland grundlegend verändert, was auch Konsequenzen für die Unionisten hatte: *Sinn Féin* und IRA waren weitaus härtere und weniger kompromissbereite Gegner als die alte IPP. Zudem hatte sich die öffentliche Meinung in Großbritannien gegenüber Ulster deutlich gewandelt: Zwar konnten die Unionisten aufgrund des Beistands im Krieg eine besondere Aufmerksamkeit und Behandlung ihrer Sonderinteressen erwarten, Unterstützung für die Ablehnung jeder Form von Home-Rule auch für den Süden Irlands gab es jedoch nicht mehr. Die britische Öffentlichkeit war des irischen Problems müde; die politische Klasse konnte nicht mehr auf Zustimmung dafür hoffen, ein offensichtlich scheidungswilliges Volk mit Gewalt in der Union zu halten. Weil ohne weitere Gesetzgebung das Gesetz über Home-Rule von 1914 automatisch in Kraft treten würde, sobald der Friedensvertrag abgeschlossen war, musste aus Sicht der Unionisten dringend eine neue rechtliche Regelung gefunden werden.

Die Abgeordneten von *Sinn Féin* demonstrierten ihren unbedingten Willen zur Eigenständigkeit und zur Loslösung aus dem Vereinigten Königreich, indem sie ihre Sitze in Westminster nicht einnahmen und stattdessen am 21.1. 1919 in Dublin ein eigenes Parlament, den ersten *Dáil Eireann*, bildeten und eine provisorische Regierung wählten. Präsident dieser «Regierung» wurde Eamon de Valera, Beteiligter am Osteraufstand und nur aufgrund seiner amerikanischen Staatsbürgerschaft der Hinrichtung als Hochverräter entgangen. Der *Dáil* zeigte seine Bereitschaft, die britische Administration in Irland auch unter Einsatz von Gewalt zu beseitigten, durch die Aufstellung einer bewaffneten Einheit, der IRA unter Michael Collins, die Großbritannien in einen Guerillakrieg zog.

Angesichts des zermürbenden Guerillakrieges seit 1919 verloren die Briten den Willen, die Union und damit ihre Herrschaft in Irland weiterhin aufrecht zu erhalten. Auch die britische Öffentlichkeit war nicht mehr bereit, den brutalen Konflikt in Irland noch länger zu erdulden. Die irische Eigenständigkeit musste demzufolge dringend geregelt werden. Von vornherein war klar, dass eine solche Regelung irgendeine Form der Teilung enthalten musste; das schuldete man schon der bewiesenen Loyalität Ulsters im Krieg. Home-Rule gegen den Widerstand der Ulster-Unionisten durchzusetzen, was voraussichtlich nur gewaltsam geschehen konnte, kam nicht in Frage, erst recht nicht bei der großen Mehrheit der unionistisch gesonnenen Konservativen im britischen Unterhaus nach den Wahlen von 1918. Andererseits war die britische Regierung (noch) nicht geneigt, mit den – aus ihrer Sicht – Verrätern und Terroristen von *Sinn Féin, Dáil* und IRA zu verhandeln, die wiederum unter keinen Umständen einer Teilung Irlands zustimmen wollten. Folglich wurde der *Government of Ireland Act*, wie das endgültige Home-Rule-Gesetz vom

23.12.1920 hieß, im Vorfeld nur mit Vertretern der Unionisten besprochen. Von dem so entstandenen Gesetz konnte niemand in der britischen Regierung wirklich annehmen, dass die radikalen Nationalisten es akzeptieren würden. Dementsprechend muss man es als eine allein auf Regelung des Nordirland-Problems zielende Maßnahme sehen.

Der *Government of Ireland Act* teilte Irland in zwei Staaten, den Norden (mit den sechs Grafschaften Antrim, Armagh, Down, Fermanagh, Londonderry und Tyrone) und den Süden. Im Süden waren mehr als 90% der 3,1 Millionen Einwohner Katholiken; in Nordirland lebten rund 1,3 Millionen Menschen, die zu zwei Dritteln einer protestantischen und zu einem Drittel der katholischen Kirche angehörten. Für beide Staaten sah das Gesetz ein Zweikammer-Parlament nach englischem Muster vor. Die zweite Kammer sollte vor allem der Repräsentation und dem Schutz der jeweiligen konfessionellen Minderheit dienen. Staatsoberhaupt blieb in beiden Irland der englische König. Irland würde weiterhin Abgeordnete nach Westminster entsenden, allerdings eine geringere Zahl. Dem Parlament in London blieben Außenpolitik, das Recht auf Kriegserklärung und die Verteidigungspolitik vorbehalten. Als Geste gegenüber den Nationalisten sah das Gesetz einen *Council of Ireland* vor, zusammengesetzt aus je 20 Abgeordneten der Parlamente von Belfast und Dublin, als Vorstufe eines möglichen gemeinsamen Parlaments.

Der *Dáil* lehnte das Gesetz erwartungsgemäß ab. Die Unionisten hingegen stimmten ihm zu, trotz aus ihrer Sicht mindestens zwei problematischen Bestimmungen: Zum einen dem eigenen Parlament für Nordirland, während die Ulster-Unionisten mit «Exklusion» von Home-Rule eigentlich das Weiterbestehen der britischen Direktherrschaft im Norden gemeint hatten; zum zweiten bestand Ulster ja aus neun Grafschaften, nicht bloß sechs wie der Staat Nordirland. Zwei Gründe waren ausschlaggebend dafür, dass die Regelung dennoch von der Mehrheit der Unionisten gebilligt wurde: 1. In der Zustimmung zu einem eigenen Parlament manifestierte sich der Willen der Unionisten, die eigene Zukunft von den unsteten Stimmungen der britischen

Parteiendemokratie unabhängig zu machen, insbesondere angesichts der vermeintlichen Unzuverlässigkeit der Liberalen und Labours. Ein eigenes Parlament bot darüber hinaus eine größere Sicherheit, dass Ulster nicht gegen seinen Willen einem Parlament in Dublin unterstellt würde, denn so Carson: Man könne sich eines Parlaments, sei es erst einmal eingesetzt, gegen dessen eigenen Willen nicht wieder entledigen. 2. Über die Frage, ob das neue Staatswesen sechs oder neun Grafschaften umfassen solle, gab es zwar im UUC scharfe Auseinandersetzungen; am Ende aber akzeptierten die meisten, dass die eigene, protestantische Mehrheit in neun Grafschaften zu gering und daher dauernd gefährdet sein würde.[11]

Als der 1919 ausgebrochene Guerillakrieg zwischen Großbritannien und der IRA nach Ulster übersprang, entfesselte er dort einen konfessionellen Konflikt, der härter und tödlicher war als alle Tumulte des vorigen Jahrhunderts zusammen: Zwischen Frühjahr 1920 und Juli 1922 wurden in Nordirland 557 Menschen gewaltsam getötet, 303 von ihnen waren katholische, 172 protestantische Zivilisten und 82 Mitglieder der Sicherheitsorgane. In Belfast alleine zählte man 416 getötete Zivilisten, darunter 257 Katholiken. Ebenfalls in Belfast, dem Mittelpunkt der Auseinandersetzungen, wurden rund 10 000 Katholiken von ihren Arbeitsstellen verdrängt, an die 23 000 aus ihren Häusern vertrieben und mehr als 500 ihrer Geschäfte zerstört.

Unmittelbarer Auslöser des Konflikts waren die Wahlen zu den Gemeinde- und Stadträten im Januar 1920: Bei diesem nach Verhältniswahlrecht durchgeführten Urnengang in den sechs Grafschaften gewann *Sinn Féin* 550 von etwa 1800 Sitzen, zehn Stadträte fielen unter die gemeinsame Kontrolle von Republikanern und Nationalisten, darunter der von Londonderry, der zweitgrößten Stadt Ulsters. Diese Erfolge weckten, namentlich im hart an der Grenze zu Donegal (das zum Süden gehörte) gelegenen Londonderry, die Furcht der Protestanten, man werde in London über die Grenzziehung bei der Teilung neu nachdenken. Im April und Mai entbrannten in Londonderry mehrtägige, äußerst brutale Straßenschlachten zwischen den Konfessionen (und der völlig überforderten Polizei). Im Juni flammte die Gewalt erneut auf, sodass die Armee eingreifen musste, die dabei eng mit reanimierten Einheiten der UVF zusammenarbeitete. Bei diesen Krawallen starben in Londonderry 40 Menschen.

Während in London auf diplomatischem Parkett versucht wurde, eine Lösung für das Irland-Problem zu finden (s. u.), geriet die Situation in Belfast außer Kontrolle: Die Ausschreitungen wurden immer blutiger, allein 21 Menschen starben bei dreitägigen Straßenkämpfen im August; im November fielen noch einmal 27 Belfaster konfessionellen Auseinandersetzungen zum Opfer. Das war aber immer noch nicht der Höhepunkt der Gewalt auf den Straßen, der erst im Frühjahr 1922 erreicht wurde, mit 44 Toten im Februar, 61 im März und 66 im April. Erst der Ausbruch des Bürgerkriegs im Süden (28. 6.) machte den Unruhen in Ulster ein Ende: Die Einheiten der IRA wurden aufgefordert, im Süden auszuhelfen oder sich zumindest im Norden nicht mit Sicherheitsorganen anzulegen. Dadurch wurde Ulster jetzt zur friedlichsten Provinz in Irland.

Das nordirische Staatswesen wurde inmitten des tobenden Konflikts zwischen den Konfessionen auf den Straßen der Provinz begründet. Das war der eine Grund für die absolute Priorität von Sicherheitsbestimmungen, die seine Verfassungsgrundlage bildeten. Der andere Grund war, dass die Unionisten Nordirland als ein Bollwerk ansahen, das sie vor dem irischen Nationalismus und damit letztlich vor einem Zusammenschluss mit dem katholischen Süden schützen sollte, auch, indem man die katholische Minderheit in der eigenen Region von einer politischen Partizipation so weit wie möglich ausschloss. Die überforderte britische Regierung wiederum war am Ende bereit, das zu konzedieren, gegen die eigenen Überzeugungen, um sich das leidige irische Problem vom Hals zu schaffen.

Das Primat der Sicherheitspolitik im nordirischen Gemeinwesen zeigt sich schon daran, dass der Staat eine Polizeitruppe noch vor einer Legislative oder Regierung bekam: Im Juni 1920 verlangte der UUC von der britischen Regierung bewaffnete Einheiten unter seinem Befehl – angesichts des aufflammenden

Bürgerkriegs in der ganzen Provinz und der sich ausweitenden Kampagne der IRA, die sich als Schutzorganisation der Katholiken im Norden gerierte. Lloyd George gab dem Ansinnen im September statt. Die aufzustellende Reservepolizei (*Ulster Special Constabulary*, USC) wurde in drei Kategorien unterteilt: Die *A-Specials* (Stärke Ende 1920 3500 Mann), Vollzeit beschäftigt und mobil einsetzbar, waren uniformiert und wurden bezahlt wie die reguläre Polizei. Die späterhin berüchtigten *B-Specials* (mit 16 000 Mann größte Teileinheit) dienten in Teilzeit, sie waren uniformiert aber unbezahlt und sollten nur in ihren eigenen Wohngegenden vor allem Patrouillendienste ausführen. Für die *C-Specials* schließlich wurde keine feste Größe festgelegt; sie stellten eine Reservetruppe für den Notfall dar, zu erkennen an Mützen und Armbändern. Die USC unterstand dem Kommandeur der Polizei im Norden. Die Struktur der USC ähnelte der der UVF und entsprach damit weitgehend dem unionistischen Plan. Ganze Einheiten der UVF strömten in die USC, und ihre Kommandeure bekamen wichtige Posten. Den von den Briten eigentlich vorgesehenen Beitritt auch von Katholiken verhinderten die Unionisten weitgehend.

Am 22. 6. 1921 eröffnete König Georg V. das Parlament in Belfast, in dem nach den Wahlen vom Mai des Jahres die Unionisten 40 und *Sinn Féin* und die Nationalisten je 6 Sitze innehatten; die republikanischen und nationalistischen Abgeordneten blieben der Zeremonie allerdings fern. Am nächsten Tag wählte sich das Parlament eine Regierung mit James Craig, seit Anfang des Jahres an der Spitze des UUC, als Premierminister. Damit trat das nordirische Staatswesen offiziell ins Leben. Seine Verfassung, festgelegt im *Government of Ireland Act*, ließ Nordirland Teil des Vereinigten Königreichs bleiben (es wurden auch weiterhin Abgeordnete nach Westminster entsandt, wenn auch nur ein Drittel so viele wie vorher), aber mit eigenem Parlament, eigener Exekutive und eigenem Rechtssystem. Das Parlament bestand aus zwei Kammern, dem Senat und dem Unterhaus. Das Wahlsystem zum Unterhaus und zu lokalen Vertretungen war eine Verhältniswahl, das so genannte «*single-transferabel-vote*»-System (d. h. auf dem Wahlzettel konnte man Prioritäten für Kandidaten angeben), das die proportionale Repräsentation der Minderheit sichern sollte. Die Kompetenz des nordirischen Parlaments war vor allem in der Finanzpolitik stark eingeschränkt: Es konnte beispielsweise nicht über Höhe und Erhebung von Zöllen und der wichtigsten Steuern bestimmen. Ein Überleben des Staates war mithin nur möglich, weil sich London bereit erklärte, die Sicherheitsorgane zum großen Teil zu finanzieren. Dies geschah trotz schwerer Bedenken, weil die einzige Alternative gewesen wäre, Craig und seine Regierung fallenzulassen und wieder direkt involviert zu werden in Nordirland. Das aber widersprach dem Hauptziel der britischen Politik, das Irland-Problem von sich fern zu halten. Die britische Regierung behielt zudem das Recht, in Nordirland einzugreifen, wenn die innere Sicherheit von den örtlichen Behörden nicht mehr gewährleistet werden konnte. Der *Government of Ireland Act* verpflichtete nordirische Legislative und Exekutive außerdem auf religiöse Neutralität. Es waren aber keine Sanktionen vorgesehen, die das hätten durchsetzen können.

Im April 1922 bekam Nordirland seine eigene reguläre Polizeitruppe neben der USC, die zwar von London bezahlt, aber von Belfast kontrolliert wurde. Ein Drittel aller Posten in dieser *Royal Ulster Constabulary* (RUC) war für Katholiken reserviert; das war die Bedingung, die Großbritannien dafür stellte, dass es im Gegenzug die Mittel zur Ausrüstung der Polizei lieferte. Diese Quote wurde allerdings nie auch nur entfernt erreicht. Im gleichen Monat – auf dem Höhepunkt der Gewalt zwischen den Konfessionen – gab sich Nordirland ein Notstandsgesetz, nach dem der Innenminister Verdächtige verhaften und Sondergerichte einrichten durfte. Diese Gerichte konnten Verdächtige ohne Prozess für unbestimmte Zeit in Haft nehmen, Haftstrafen und Todesurteile fällen und sogar Auspeitschen beschließen – die Kompetenzen zur Verhängung von Körperstrafen oder gar der Todesstrafe wurden jedoch nicht realisiert. Der Minister konnte seine Vollmachten an jeden Polizisten delegieren. Vergehen gegen das Gesetz waren nicht konkret festgelegt, sondern lagen weitgehend im Ermessen der Sicherheitsorgane. Das Gesetz, zunächst gedacht als unmittelbare Maßnahme zur Bekämpfung des Ausnahmezustands, wurde von 1922 bis 1933 jedes Jahr erneuert, dann permanent gemacht, bis es 1972 von den Briten aufgehoben wurde, als sie die Direktherrschaft in Ulster übernahmen.

Auch die eigene Staatlichkeit im Süden entsprang einem bewaffneten Konflikt zwischen der Armee des *Dáil*, der IRA, und den britischen Einheiten, die keine regulären Truppen waren und aufgrund ihrer gemischten Polizei- und Militäruniformen «*Black and Tans*» genannt wurden. Um den von beiden Seiten mit großer Härte und wenig Rücksicht auf zivile Opfer geführten Konflikt beizulegen, verhandelten zwischen Juli und Anfang Dezember 1921 in London (mit Unterbrechungen) Vertreter des *Dáil*, zeitweise auch der nordirischen Regierung, sowie der britischen Regierung über die Form der irischen Eigenständigkeit. De Valera, Führer der provisorischen irischen Regierung, war bereit, den uneingeschränkten Dominion-Status – d.h. nationale Selbstverwaltung im Rahmen des Empire, wobei Großbritannien weiterhin Führungs- und Kontrollfunktionen ausüben würde – für Gesamtirland zu akzeptieren, nicht jedoch einen Ausschluss Ulsters. Lloyd George zielte in eine ähnliche Richtung: Er wollte, dass Nordirland ein eigenes Parlament behalten sollte, das aber einem Parlament mit Dominion-Status in Dublin untergeordnet sein würde und nicht Westminster. Das wiederum lehnte die nordirische Regierung, die seit Juni unter Premierminister Craig amtierte, vollständig ab. Die unionistische Basis hatte sogar darauf gedrängt, die Gespräche von vornherein zu verweigern, weil *Sinn Féin*, deren Chef de Valera war, als Terrororganisation angesehen wurde, mit der man nicht verhandle.

Die Erkenntnis, dass die Ulster-Unionisten aktiv gegen ein gesamtirisches Parlament angehen würden, und verstärkte Gerüchte über ihren bevorstehenden bewaffneten Widerstand, ließen Lloyd George einsehen, dass er Nordirland nicht würde zwingen können. Dazu kam noch, dass er sich mit den britischen Konservativen verständigen musste, von denen sich ein beträchtlicher Teil sogar gegen die Verhandlungen mit den Vertretern von *Sinn Féin* insgesamt stemmte. Um die konservative Gegnerschaft zu besänftigen, stimmte der Premier am 5.11. dem definitiven Transfer der Macht an die Regierung von Nordirland zu. Damit gewann er die Unterstützung der Unionisten, die einwilligten, nicht mehr gegen ihn zu opponieren, und verringerte die Zahl der konservativen Abweichler deutlich.

Lloyd George setzte die Delegation aus dem Süden, der seit Oktober 1921 de Valera nicht mehr angehörte, wohl weil er wusste, dass man um einen Kompromiss nicht herumkommen würde, nun unter schweren Druck. Er drohte die Wiederaufnahme des bewaffneten Kampfes an, sollten sich die Iren nicht zur Vertragsunterzeichnung bereit erklären. Ergebnis des diplomatischen Ringens waren die «*Articles of Agreement for a Treaty between Great Britain and Ireland*» vom 6.12. 1921: Damit wurde Irland Freistaat (*Saorstat Éireann*), als Dominion im Empire. Formal galt der Vertrag auch für Nordirland, das allerdings schon am nächsten Tag die festgeschriebene Möglichkeit wahrnahm, sich aus dem gesamtirischen Home-Rule herauszuwählen. Der Vertrag spaltete den Süden tief, weil er nicht die ersehnte vollständige Unabhängigkeit vom Empire brachte: Im *Dáil* erhielt er nur eine Mehrheit von 64 zu 57 Stimmen; de Valera zog an der Spitze der Vertragsgegner aus dem *Dáil* aus. Auch die IRA spaltete sich. Die Abstimmung vom 7.1. 1922 war das Vorspiel zu einem blutigen Bürgerkrieg zwischen Vertragsbefürwortern und -gegnern, der sich bis weit ins Jahr 1923 hineinzog.

3. Bleierne Zeit: Nordirland von der Staatsgründung bis in die 60er Jahre

Der 1921 ins Leben getretene nordirische Staat war in jeder Hinsicht ein Staat der Unionisten. In dieser Wagenburg nahm die katholisch-nationalistische Minderheit Ulsters bestenfalls den Status von geduldeten Fremden ein, was ihre politischen Vertreter freilich untermauerten, indem sie jede Mitarbeit – etwa als loyale Opposition nach britischem Vorbild – ablehnten und sogar die Anerkennung der Legitimation Nordirlands verweigerten. Sie strebten vielmehr stets nach einer Vereinigung mit dem Freistaat im Süden, womit sie wiederum die Unionisten in ihrer Haltung bestärkten. Der Charakter einer reinen Abwehrfestung hatte auf die politische Entwicklung Nordirlands fundamentale Auswirkungen: Die unionistischen Führer bekräftigten wieder und wieder, dass das Bestehen des eigenen Staates von der Geschlossenheit des Unionismus abhänge. Innere Konflikte, wie sie sich in allen anderen europäischen Nationen auftaten – etwa entlang der sozialen Linien von Kapital und Arbeit – mussten demnach um jeden Preis vermieden werden. Der Unionismus versteinerte in Form einer Defensivallianz aller Protestanten in Nordirland. Als Substitut für eine politische Strategie diente dabei ein permanenter Ausnahmezustand, unter dem z. B. jede Wahl zu einer Entscheidung über die Existenz Nordirlands stilisiert wurde.

In den 1920er Jahren war die nordirische Führung vor allem darum bemüht, die Existenz des eigenen Staates nach außen – gegen die Wiedervereinigungsansprüche des Freistaats und eventuelle Einmischungen Londons – und nach innen – gegen die katholische Minderheit – abzusichern. Eine institutionalisierte Diskriminierung der Katholiken war das wesentliche Element der Absicherungspolitik im Innern. Zum einen wurde die Einstellung von Katholiken in den höheren öffentlichen Dienst von Anfang an systematisch verhindert. Premierminister John Andrews (1940–1943) etwa bezweifelte grundsätzlich die Loyalität katholischer Beamter und wollte deshalb nach Möglichkeit gar keine dulden. Die Folge dieser Politik, die alle Regierungen bis in die 60er Jahre betrieben, war, dass (1969) von 319 höheren administrativen Funktionen nur 23 von Katholiken ausgefüllt wurden.

Vor allem aber nahmen die nordirischen Regierungen Veränderungen am Wahlrecht vor. Notorisch wurde die Manipulation der Wahlbezirke, das so genannte *Gerrymandering*: 1923 überprüfte eine Kommission die Grenzen der Wahlkreise. Die meisten Nationalisten und Republikaner verweigerten eine Zusammenarbeit – weil daraus auf eine Anerkennung Nordirlands geschlossen werden könne –, weswegen die Unionisten die Grenzen der Wahlkreise allein festlegten, und zwar ausschließlich zu ihrem Vorteil. Infolgedessen konnten Unionisten auch in etlichen Regionen mit überwiegend katholischer Bevölkerung die Mehrheit erringen. Besonders auffällig waren die Konsequenzen des *Gerrymandering* in Londonderry, wo doppelt so viele Katholiken wie Protestanten die Wahlbevölkerung ausmachten; dennoch hatten die Unionisten ununterbrochen seit 1922 die Mehrheit in der *City Corporation* (Stadtrat) inne. Mit der Diskriminierung bei Wahlen war die beim Wohnen verbunden: (Sozialer) Wohnungsbau war in Nordirland Sache der lokalen Verwaltungen. In etlichen Fällen optierten unionistische Lokalverwaltungen für einen Stopp des Wohnungsbaus, weil sie keine weiteren Katholiken in ihrem Bezirk haben wollten, was die Machtbalance verändert hätte. Angesichts der höheren Geburtenrate führte das zu einer allgemein beengteren Wohnsituation für Katholiken.

Nachdem schon 1922 das proportionale Wahlrecht auf lokaler Ebene zugunsten des Mehrheitswahlrechts abgeschafft worden war, betrieb Craig diese Neuregelung seit 1924 auch staatsweit. Das richtete sich allerdings weniger gegen die Parteien der Katholiken als vielmehr gegen Abspaltungen im unionistischen Lager – etwa eine protestantische Arbeiterpartei. Wenn in jedem Wahlkreis nur der Kandidat mit den meisten Stimmen gewählt würde, hätten Vertreter kleinerer Parteien kaum Aussichten, einen Sitz zu erringen. Dass in den mehrheitlich katholischen Bezirken kein Unionist je eine Chance hatte, war einkalkuliert und aufgrund der 2/3- zu 1/3-Majorität im ganzen Land und der Manipulation der

Wahlbezirke aus Sicht der unionistischen Führung hinnehmbar. Craig verfolgte demnach eine Polarisationsstrategie, sodass, wie er selbst sagte, in jeder Wahl die «wirkliche Frage» sein werde, ob man als Staat selbstständig, in enger Verbindung zu Großbritannien und Teil des Empires bleiben oder sich einem Dubliner Parlament unterwerfen wolle:[12] Die einzige Alternative sollte zwischen Loyalismus (zur britischen Krone und zum Empire) und Nationalismus bestehen.

Das Resultat der Wahl von 1925 bestärkte Craig in seinem Vorhaben, entsprach es doch so gar nicht dem Wunsch der unionistischen Führung: Die Fraktion der *Ulster Unionist Party* (UUP) schrumpfte von 40 auf 32 Mandate, vor allem zum Vorteil von Labour und einigen unabhängigen unionistischen Kandidaten. Nur drei Monate vor der nächsten Parlamentswahl (1929) legte die Regierung folglich einen Gesetzentwurf zur Abschaffung des Verhältniswahlrechts vor. Ungerührt von den heftigen Protesten der nationalistischen Opposition (und dem kraftlosen Widerspruch Londons) beschloss die UUP-Fraktion das Gesetz. Der Erfolg stellte sich ein: 38 Wahlkreise gewann die UUP – unterstützt auch von weiterem *Gerrymandering* –, nur noch ein Vertreter von Labour und zwei Unabhängige trübten ein wenig das Bild der vollkommen Polarisation. Der Ausgang der nordirischen Unterhauswahlen war seitdem weitgehend vorhersehbar; in einem Großteil (33 von 52) der Wahlkreise trat 1933 beispielsweise noch nicht einmal ein Gegenkandidat zum offiziellen unionistischen Bewerber an. Als Konsequenz führte Joseph Devlin, seit drei Jahrzehnten Vorsitzender der Nationalistischen Partei in Ulster, seine Fraktion, die 1925 erstmals ihre Parlamentssitze eingenommen hatte, 1933 wieder aus dem inzwischen in Stormont im Osten von Belfast tagenden Haus, sodass es für die nächsten 30 Jahre faktisch keine Opposition gab.

Die Sicherung der Grenzen Nordirlands gegen die Wiedervereinigungsansprüche der Nationalisten im Süden und Norden war ein weiterer Bestandteil der unionistischen Strategie, die darauf abzielte, das eigene Staatswesen und die dort herrschende protestantische Dominanz zu verewigen. 1925 konnte Craig dieses Ziel erreichen. Die *Articles of Agreement* vom 6.12. 1921 hatten hinsichtlich des Status von Nordirland eine Konzession an die Nationalisten enthalten: Eine Grenzkommission war vorgesehen, bestehend aus je einem Repräsentanten des Nordens, des Südens und Großbritanniens, mit der Aufgabe, die Grenzen zwischen beiden Staaten zu prüfen und anzupassen, und zwar nach dem Wunsch der dort Lebenden, aber auch hinsichtlich geographischer und ökonomischer Bedingungen. Die Nationalisten erhofften sich von der Kommission, dass sie das Territorium von Nordirland so verkleinern würde, dass der Staat nicht mehr lebensfähig sein würde. Lloyd George hatte Craig hingegen versichert, dass die Grenzkommission nur geringfügige Veränderungen vornehmen würde.[13]

Im August 1922 begann die Regierung des Freistaats, ihre Nordirlandpolitik einer Revision zu unterziehen; das bedeutete vor allem die Anerkennung, dass man die Ulster-Unionisten nicht in ein vereintes Irland würde zwingen können. Damit war aber keine Abkehr vom Ziel der irischen Einheit verbunden. Vielmehr setzte der Süden jetzt wesentlich auf die Grenzkommission, von der entscheidende Hilfestellung erwartet wurde. Zwei Szenarien baute die Regierung des Freistaats auf: Nach der Maximalforderung wären über 260 000 Protestanten dem Freistaat zugeschlagen und die ökonomische Lebensfähigkeit des Nordens praktisch zerstört worden. Die Mindestforderungen, hinter die man unter keinen Umständen zurückfallen wollte, hätten das nordirische Territorium immerhin noch um ein Drittel, die Bevölkerung um ein Fünftel reduziert.

Die nordirische Regierung hingegen ließ von Anfang an keinen Zweifel daran, dass sie einen Gebietsverlust aufgrund des Urteils der Kommission mit allen Mitteln verhindern werde. Craig drohte im Oktober 1924, wenn die Grenzkommission einen Report vorlegte, der negativ für Ulster sei, werde er zurücktreten und sich dem Dienst des Volkes zur Verfügung stellen, als gewählter Führer zur Verteidigung jedes Stückchens Land, das die Unionisten als zu Unrecht herausgerissen betrachteten. Die nordirische Regierung machte darüber hinaus deutlich, dass sie die Kompetenzen des Gremiums nicht anerkannte, als sie sich weigerte, einen Repräsentanten für die Kommission zu nominieren; den Repräsentanten Ulsters musste daraufhin London bestimmen. Die Kommission tagte seit November 1924 streng geheim, nichts sollte vor Veröffentlichung ihres Reports bekannt werden. Im Oktober 1925 sickerte dennoch durch, dass sich die Kommission auf eine nur minimale Veränderung der Grenzen geeinigt hatte. Die Drohung der Unionisten mit bewaffnetem Widerstand hatte ihre Wirkung nicht verfehlt. Die Öffentlichkeit im Norden nahm die Empfehlung mit großer Erleichterung, die im Süden mit harschen Protesten auf. Auf Wunsch des Premierministers (die offizielle, gälische Bezeichnung lautet *Taoiseach*) des Freistaats, William Cosgrave, der zur Beruhigung der nationalistischen Erregung seinen Landsleuten erhebliche Hoffnungen hinsichtlich des Ergebnisses der Beratungen gemacht hatte und dem nun an einer möglichst geräuschlosen Beerdigung der peinlichen Angelegenheit gelegen war, unterzeichneten der Freistaat, Nordirland und Großbritannien einen Kontrakt, nach dem der Report der Kommission unterdrückt wurde. Statt dessen bestätigte man die bestehenden Grenzen (3. 12. 1925). Zudem wurde zur Befriedigung der Unionisten offiziell das Projekt eines *Council of Ireland*, der als Keimzelle einer zukünftigen Vereinigung dienen sollte, begraben.

Der Wohlstand Ulsters beruhte vordringlich auf der Leinenproduktion, Schiffbau und Landwirtschaft, war mithin von Branchen abhängig, die nach dem Ersten Weltkrieg besonders von der internationalen Wirtschaftsflaute getroffen wurden. Deshalb geriet auch Nordirland nach dem Ende des Nachkriegsbooms in eine anhaltende Depression; zwischen 1923 und 1930 lag die durchschnittliche Arbeitslosenquote bei 19 %. Als die Folgen der Weltwirtschaftskrise auch in Nordirland spürbar wurden, verschärfte sich die Situation noch einmal: 1932 erreichte die offizielle Arbeitslosenquote 28 %, dazu kamen zahlreiche nicht registrierte Erwerbslose.

Zur gleichen Zeit, als Ulster von der Wirtschaftskrise getroffen wurde, begannen sich auch die ohnehin misslichen Beziehungen zwischen den Konfessionen dort zu verschlechtern. Auslöser dafür war der Regierungsantritt de Valeras im Freistaat im März 1932; de Valera hatte seinen Frieden mit der staatlichen Organisation des Südens gemacht und 1927 eine neue Partei gegründet, die *Fianna Fáil*. Der Norden sah in *Fianna Fáil* freilich immer noch die Partei der Vertragsgegner und der IRA; erneute Attacken auf das Territorium des Nordens schienen möglich. Zudem stand zu befürchten, dass de Valera die Einheit Irlands als vorrangiges Ziel seiner Politik verfolgen würde. Derartigen Bestrebungen setzten die unionistischen Führer eine militant anti-katholische Rhetorik entgegen: Der spätere Premier Basil Brooke warf den Katholiken vor, sich zu verschwören, um den nordirischen Staat zu vernichten. Unionisten sollten daher nur Protestanten in ihren Unternehmen beschäftigen. Brooke selbst ging mit gutem Beispiel voran: Als er 1933 Landwirtschaftsminister wurde, entließ er demonstrativ alle 125 katholischen Arbeiter auf seinen Gütern.[14] Premierminister Craig prägte 1933 den Satz: Er habe immer daran festgehalten, zuerst ein Orange-Mann und erst dann Politiker zu sein. Das nordirische Unterhaus sei ein protestantisches Parlament in einem protestantischen Staat. Es verwundert nicht, dass die Kombination der außergewöhnlich schlechten wirtschaftlichen Lage und der anti-katholischen Rhetorik der unionistischen Führung seit 1934 eine zunehmende Gewalt gegen Katholiken besonders in Belfast brachte. 1935 eskalierten die Ausschreitungen; auf dem Höhepunkt der Marschsaison des Oranierordens, dem 12. Juli, brachen massive Krawalle aus, die erst Ende August mit Hilfe der Armee beendet werden konnten und 13 Zivilisten das Leben kosteten.

Aber auch die Politik de Valeras im Freistaat trug zur Unversöhnlichkeit der Gegensätze zwischen den Konfessionen bei; herauszuheben ist in diesem Zusammenhang die Verfassung von 1937, für deren Text de Valera persönlich verantwortlich zeichnete. Mit der Verfassung erklärte sich der Freistaat (seitdem: *Éire*) als nur noch extern assoziiert mit dem Commonwealth und streifte seinen Status als Dominion ab; Staatsoberhaupt war zukünftig nicht mehr der König von England, sondern ein gewählter

Präsident. Aus Ulstersicht waren jedoch in erster Linie die Artikel problematisch, in denen Anspruch auf die Jurisdiktion für ganz Irland erhoben und das Wiedervereinigungsgebot festgehalten wurde, sowie diejenigen, die die besondere Rolle der katholischen Kirche betonten. Aus der Machtposition der katholischen Kirche wiederum leitete sich eine höchst restriktive Zensur- und Familienpolitik ab, die, verbunden mit einer erzwungenen Gälisierung und dem Autarkiekurs in der Wirtschaftspolitik, den Eindruck hervorrief, die Regierung des Südens habe sich regelrecht darum bemüht, eine möglichst unüberwindliche Inkompatibilität zum Norden herzustellen – und damit jede Möglichkeit einer Annäherung zum Wohle der nationalistischen Minderheit im Norden verbaut. Denn die unionistischen Führer nahmen diese Vorlage gern auf und konnten bei der Parlamentswahl von 1938 eine noch festere Geschlossenheit des unionistischen Blocks erreichen und damit ein noch besseres Ergebnis für die UUP einfahren.

Der Zweite Weltkrieg weitete und vertiefte den Spalt zwischen dem Norden und dem Süden noch, weil beide Staaten eine ganz entgegengesetzte Politik betrieben: De Valera hielt den Freistaat in einer strikten Neutralität, während Ulster wie schon im Ersten Weltkrieg die engste Waffenbrüderschaft mit Großbritannien pflegte.

Am 1.9.1939 marschierte die Wehrmacht in Polen ein. Am 3.9. erklärte der britische Premierminister Neville Chamberlain daraufhin Deutschland den Krieg; einen Tag nach der Kriegserklärung versicherte Craig Großbritannien der uneingeschränkten Loyalität Ulsters. Nur für einen kurzen Moment wurde diese Loyalität in Frage gestellt: Am 20.6.1940 nämlich, in der verzweifelten Situation einen Tag vor der Kapitulation Frankreichs, machte das britische Kabinett de Valera einen Vorschlag: Man werde die irische Vereinigung betreiben, wenn das vereinigte Irland sofort an den britischen Kriegsanstrengungen teilnehme. Craig lehnte dies scharf ab, aber der britische Plan sah die Zustimmung der nordirischen Regierung ausdrücklich nicht vor. Jedoch wies de Valera schon nach wenigen Tagen das Angebot zurück, wodurch die Krise beendet war.

Nordirland wurde von Anfang an als wesentliche industrielle Basis der britischen Kriegsanstrengungen gesehen, mit seinem großen Potenzial im Schiffbau und in der Flugzeugproduktion. Nach anfänglichen Schwierigkeiten füllte Ulster diese Funktion auch aus, was den positiven Nebeneffekt hatte, dass seit 1942 die Arbeitslosigkeit verschwunden war. Außerdem war Nordirland seit Anfang 1941 Durchgangsstation für amerikanische Truppen, die sich dort auf die Landung in Frankreich vorbereiteten. Diese vorteilhaften Auswirkungen der prosperierenden Kriegswirtschaft wurden freilich überschattet von den gravierenden Folgen des Luftkriegs, den die deutsche Luftwaffe 1941 bis nach Belfast trug. Die Regierung war davon ausgegangen, dass die Bomber der Luftwaffe Nordirland nicht würden erreichen können, weswegen die Vorbereitungen für eine Zivilverteidigung vollkommen unzureichend waren, als am 15. 4. ein erster schwerer Angriff erfolgte. Die Hauptlast des Bombardements trugen die Wohngebiete nördlich des Zentrums von Belfast; über 900 Menschen starben, mehr als die Hälfte aller Wohngebäude waren betroffen. Die Belfaster flüchteten in großer Zahl aufs Land, noch verstärkt, als Anfang Mai eine zweite schwere Attacke die Stadt heimsuchte, die sich auf den Hafen und die Industriestandorte konzentrierte.

In Großbritannien hatte sich am Ende des Zweiten Weltkriegs ein enormes soziales Missbehagen aufgestaut; das bewiesen die Wahlen vom Juli 1945, in denen der Sieger des Zweiten Weltkrieges, der überragende Staatsmann Winston Churchill, und seine Konservative Partei hinweggefegt wurden und Labour, das den Übergang zum Wohlfahrtsstaat versprach, einen epochalen Sieg erfocht. Die sozialen Probleme in Nordirland waren tendenziell die gleichen wie jenseits des Nordkanals, allerdings noch schwerwiegender. Die Regierung in Stormont musste folglich ebenfalls ein Erstarken der Sozialisten auf ihre Kosten befürchten. Dass dies (bei den nordirischen Wahlen im Juni und bei den Wahlen zum Parlament in Westminster im Juli) nicht geschah, zeigt, wie wirksam die Polarisationsstrategie der Vorkriegszeit gewesen war. Dennoch gab aus Sicht der unionistischen Führung eine Labour-Regierung in Großbritannien gleich dreifach Anlass zur Sorge:

Zunächst einmal war Labour verdächtig (in der Nachfolge der Liberalen), gegenüber den Ansprüchen der irischen Nationalisten weniger standhaft zu sein als die Konservativen; dann war der Unionismus von einem tief sitzenden Anti-Sozialismus geprägt, der in seiner Intensität fast an den Anti-Katholizismus heranreichte; schließlich war in zentralen Aspekten (Wohnungsbau, Gesundheitswesen) die soziale Situation in Ulster schlichtweg katastrophal, Forderungen auch aus der protestantischen Arbeiterklasse, man solle die britischen wohlfahrtsstaatlichen Errungenschaften nachvollziehen, waren mithin kaum zu vermeiden. Man verfiel in Stormont auf eine pragmatische Lösung: Während die unionistischen Abgeordneten in Westminster scharf gegen die Gesetze zur Errichtung des Wohlfahrtsstaates polemisierten, die geradewegs in den Bolschewismus führten, übernahm die Regierung in Belfast die gleichen Gesetze sofort. Diese Übernahme fiel insofern leichter, als London sich bereit erklärte, für den größten Teil der Kosten des Wohlfahrtsstaates aufzukommen. Die Regierung Attlee garantierte (1946), dass Nordirland den gleichen sozialen Standard genießen würde wie der Rest des Vereinigten Königreichs. Das *Social Service Agreement* und die Verschmelzung der Arbeitslosenversicherung von Großbritannien und Nordirland (beides Juli 1948) erleichterten Stormont, das neu eingeführte Gesundheitswesen, Kindergeld, Pensionen sowie die Renten- und Arbeitslosenversicherung zu finanzieren. Durch den Aufbau des Wohlfahrtsstaates in Nordirland weitete sich der Unterschied zum Freistaat noch mehr, denn Vergleichbares gab es im Süden nicht.

Weil de Valera mit seiner Neutralitätspolitik im Zweiten Weltkrieg einer möglichen Wiedervereinigung Irlands offensichtlich nicht hatte dienen können, gründeten nationalistische Abgeordnete des nordirischen Unterhauses und Senats Ende 1945 eine Anti-Teilungs-Liga, die auf konstitutionellem Wege Chancen der irischen Einheit erarbeiten sollte, in der Hoffnung auf Unterstützung ihres Kurses seitens der Regierung Attlee. Damit verbunden war, dass die Nationalisten ihre Sitze in beiden Häusern jetzt einnahmen. Obwohl die Liga großen Zuspruch in Nordirland, im

Freistaat und in den USA erhielt, verschlechterte die internationale Lage ihre Aussichten: Angesichts des beginnenden Kalten Kriegs wurden die strategische Bedeutung Ulsters als Basis der NATO im Nordatlantik und damit dessen Verbleib im Vereinigten Königreich als immer wichtiger eingeschätzt.

Als die Regierung Costello, die de Valeras Kabinett abgelöst hatte, der damit nach 16 Jahren zum ersten Mal ohne Amt war, im September 1948 ankündigte, Irland werde sich eine neue Verfassung geben und sich damit zur Republik erklären, bekräftigte Attlee im Unterhaus, dass es ohne nordirische Zustimmung keine Veränderung in dessen konstitutionellem Status geben werde. Daraufhin setzte Premierminister Basil Brooke (1943–1963) prompt Wahlen zum Stormonter Parlament an, um zu beweisen, wie sehr Nordirland britisch sei. Die Anti-Teilungs-Liga rief ihre südlichen Alliierten zu Hilfe, die auch einen Hilfsfonds einsetzten, der von allen Parteien des *Dáil* unterstützt wurde; das Geld für den Fonds sollte in den katholischen Gottesdiensten im Süden gesammelt werden. Die Unionisten hätten sich kaum bessere Umstände wünschen können, denn das schien ein unumstößlicher Beweis für Einmischungsversuche der Republik und klerikale Manipulationen zu sein.

Was Attlee 1948 zugesagt hatte, machte der *Ireland Act* von 1949 offiziell, in dem es hieß, dass unter keinen Umständen Nordirland oder auch nur ein Teil davon aufhören werde, zum Vereinigten Königreich zu gehören, ohne die Zustimmung des Parlaments von Nordirland. Diese gesetzliche Garantie wurde von den Unionisten als «*The Pledge*», das Versprechen, bezeichnet. Friedliche Versuche der Annäherung waren offensichtlich gescheitert. Die Aussicht auf eine irische Vereinigung schien jetzt so schlecht wie nie. Deshalb löste sich 1951 auch die Anti-Teilungs-Liga auf.

Konsequenz aus dieser Resignation der konstitutionellen Kräfte war eine neue Welle des bewaffneten Kampfes, die zunächst von einer von der IRA abgespaltenen Organisation ausging. Die Gewaltbereitschaft dieser *Saor Uladh* (= Freies Ulster) brachte auch die zu der Zeit inaktive IRA dazu, eine neue Kampagne zu planen.

Die IRA, von Michael Collins als Guerillaarmee des Ersten *Dáil* gegründet, hatte sich 1921 nach der Abstimmung über den Vertrag, der den irischen Freistaat schuf, gespalten. Ein Teil hielt zu den Vertragsbefürwortern; aus ihm formte Collins die regulären Sicherheitsorgane des Freistaats. Der andere Teil, unter de Valera, bekämpfte den Freistaat. 1926 erklärte de Valera seine Abkehr vom bewaffneten Widerstand und gründete die Partei *Fianna Fáil*, mit der er die parlamentarische Arbeit aufnahm. Ein kleiner Rest der IRA folgte ihm darin nicht. Sie bestritt weiterhin die Legitimität beider irischer Staaten und führte seit Mitte der 30er Jahre wieder einen militärischen Kampf, allerdings ausschließlich im Süden. Die Regierung de Valera ging schonungslos gegen ihre einstigen Mitstreiter der IRA vor, die ihre Aktionen daraufhin vordringlich auf englisches Territorium beschränkte. Das harte Durchgreifen sowohl der britischen als auch der irischen Regierung bereitete der Kampagne allerdings ein rasches Ende (März 1940); die Niederlage war so verheerend, dass die IRA praktisch zu existieren aufhörte.

Angetrieben von der Sorge, ihre Existenzberechtigung als bewaffneter Arm der republikanischen Bewegung vollends einzubüßen, startete der Armeerat der IRA im Dezember 1956 die Operation «*Harvest*», ihre ersten gewalttätigen Handlungen in Ulster seit 1922, mit Bombenattentaten und Mordanschlägen auf Polizisten. Die Kampagne konnte freilich die innere Sicherheit in Nordirland nie ernsthaft gefährden. Dennoch rief sie im Norden und im Süden, wo die IRA ihre Operationsbasis hatte, erhebliche Beunruhigung hervor. Die Regierung der Republik führte zunächst 1957 die bereits in den 30er Jahren erprobte Internierung von IRA-Kämpfern wieder ein, mit erheblichen Auswirkungen auf die IRA. Dennoch – und trotz der schwierigen Bedingungen des Kampfes in Nordirland, mit wenigen Freiwilligen und etlichen Spitzeln – verübte die IRA dort weiter Anschläge auf Polizisten. 1961 setzte *Taoiseach* Sean Lemass deshalb Militärtribunale gegen die IRA ein, und wenige Tage später drohte der nordirische Premierminister Brooke mit der Todesstrafe für IRA-Angehörige. Der kombinierte Druck in der Republik und im

Norden brachte die IRA schließlich am Anfang 1962 dazu, die Kampagne (der sechs Polizisten und zwölf militante Republikaner zum Opfer fielen) mit einer öffentlichen Verlautbarung einzustellen.

III. Konflikt

1. Inkubationszeit (1963–1969): O'Neills Reformpolitik und der Aufstieg der Bürgerrechtsbewegung

Nach dem Ende des Wirtschaftsbooms, den der Koreakrieg bis 1953 ausgelöst hatte, verschlechterten sich die ökonomischen Bedingungen für Nordirland fundamental: Weltweit ging die Nachfrage nach Leinen deutlich zurück; dazu kamen aufgrund des Wiedererstarkens Japans und Westdeutschlands ein erheblich schärferer Wettbewerb im Schiffbau sowie eine deutliche Rationalisierung und damit Arbeitsplatzverluste in der hoch subventionierten Landwirtschaft, womit sich alle drei Hauptbranchen der nordirischen Wirtschaft massiven Problemen gegenüber sahen. Die Wirtschaft Ulsters ruhte immer noch auf diesen traditionellen Säulen: Von allen Arbeitern im produzierenden Sektor waren Anfang der 50er Jahre 30 % in der Textilherstellung, 20 % im Schiffbau (inkl. Metallindustrie und Fahrzeugreparatur) tätig, in der Landwirtschaft fanden noch mehr als 15 % Beschäftigung.

Während die ökonomischen Aussichten Ende der 50er Jahre düster waren, hatte sich der Lebensstandard der Bevölkerung seit Kriegsende verbessert, was zu einem wesentlichen Teil dem Aufbau des Wohlfahrtsstaats geschuldet war. Außerdem leistete der Staat erhebliche Subventionen für die alten und die Ansiedlung neuer Industrien. Dabei blieb Nordirland allerdings die Region des Vereinigten Königreichs mit der höchsten Arbeitslosigkeit (im Durchschnitt der 50er Jahre 7 % und damit viermal so hoch wie in den Problemregionen Großbritanniens). Seit Anfang der 60er Jahre begann die Arbeitslosenquote rasch anzusteigen; die Regierung Brooke war offensichtlich nicht in der Lage, eine wirksame Politik dagegen zu entwickeln, und geriet infolgedessen unter immer schärfere Kritik auch aus den eigenen Reihen. Im März 1963 zwang das Kabinett den Premier zum Rücktritt; Nachfolger wurde Terence O'Neill, bis dahin Finanzminister. O'Neill ging davon aus, dass die Verbindung von konfessionell gespaltener Gesellschaft und Einparteien-Herrschaft die Entwicklung von Ulster gehemmt und Ansichten und Strukturen aus dem 19. Jahrhundert konserviert habe. Aus seiner Sicht hatte Nordirland keinen wirklichen Versuch unternommen, Wirtschaft, Gesellschaft oder das politische System zu modernisieren. O'Neill war ein Anhänger wirtschaftlicher Planung, die vor allem Wachstum auch außerhalb Belfasts beschleunigen sollte. Brooke hingegen hatte derartige Planungen als «sozialistische Bedrohung» scharf abgelehnt.

O'Neill setzte seine Vorstellungen in einem ambitionierten Programm zur Schaffung von «Wachstumszonen» in der Provinz um: So wurde u. a. der Bau einer Ringstraße um Belfast und von vier Autobahnen geplant, die Gründung einer neuen Stadt im Zentrum Nordirlands sowie einer zweiten Universität. Ferner sollte die Ansiedlung internationaler Unternehmen durch Steuerbefreiungen und Beschäftigungsprämien forciert werden. Bei den Nationalisten stieß das Programm allerdings auf Kritik, vor allem weil die Wachstumszonen mit einer Ausnahme alle in protestantischen Kernbezirken lagen; überdies sollte die Universität im (protestantischen) Coleraine entstehen, nicht im (überwiegend katholischen) Londonderry, der zweitgrößten Stadt Ulsters. Dennoch erzielte O'Neills Programm zunächst bemerkenswerte Erfolge: Etliche internationale Firmen siedelten sich an (Grundig, ICI, Michelin, Goodyear), die Wachstumsrate der Industrieproduktion in Nordirland lag in den 60er Jahren deutlich über dem Durchschnitt des Vereinigten Königreichs. Bis 1974 wurden so 71 000 neue Arbeitsplätze geschaffen. Auf der anderen Seite gingen allerdings fast ebenso viele Stellen in den alten Industrien verloren, weshalb der Nettoeffekt letztlich gering war. Damit blieb die Bilanz der Wirtschaftspolitik O'Neills gemischt: Trotz einiger deutlicher Modernisierungsfortschritte war Nordirland Ende der 60er Jahre weiterhin mit großem Abstand die ärmste Region des Vereinigten Königreichs, und während in Großbritannien Vollbeschäftigung herrschte, verharrte die nordirische Arbeitslosenquote bei 7 %; in einigen Regionen, die allesamt vornehmlich von Katholiken bewohnt wurden, erreichte sie gar 18 %.

Die Verständigung mit der katholischen Minderheit im eigenen Land und eine Normalisierung der Beziehungen zur Republik waren für O'Neill ebenfalls Bestandteile einer Politik, die vorrangig Hemmnisse der wirtschaftlichen Entwicklung beseitigen sollte. O'Neill setzte dabei vor allem auf öffentlichkeitswirksame Gesten, den Besuch katholischer Schulen etwa oder Gespräche mit geistlichen Würdenträgern. Auch die Einladung des *Taoiseach* der Republik, Sean Lemass, der im Januar 1965 nach Nordirland fuhr, entsprang der Initiative O'Neills. Gerade diese Symbolpolitik forderte allerdings den Widerstand der loyalistischen Ultras heraus. Angeführt wurde der Widerstand von dem gleichermaßen fundamentalistischen wie charismatischen presbyterianischen Pfarrer Ian Paisley. Paisley sah in jedem Ansatz, auf die Republik zuzugehen oder der katholischen Minderheit größere Mitspracherechte einzuräumen, Verrat und Ausverkauf des Protestantismus. Weil Ulster bedroht sei, müsse man Maßnahmen zur Verteidigung ergreifen. Er initiierte zu diesem Zweck ein *Ulster Constitution Defence Committee* (UCDC), dem wiederum eine paramilitärische Organisation entspross, die *Ulster Protestant Volunteers* (UPV). Paisley war allerdings nur eine – wenn auch markante – Stimme eines sich radikalisierenden Lagers im Unionismus: Ebenfalls 1966, anlässlich des 50sten Jubiläums der Somme-Schlacht, entstand eine bewaffnete Gruppe, die den Traditionsnamen UVF annahm und sogleich der IRA öffentlich den Krieg erklärte. Nach mehreren Mordanschlägen auf angebliche IRA-Männer sah O'Neill sich gezwungen, die Gruppe noch im selben Jahr zu verbieten. Im September 1966 erreichte die Rebellion unter dem Motto «*O'Neill must go*» sogar die unionistische Parlamentsfraktion: Eine Petition, die das Vorgehen gegenüber Paisley kritisierte, der aufgrund seines aufrührerischen Verhaltens bei einer Demonstration eine Gefängnisstrafe verbüßte, erhielt auch die Zustimmung etlicher Abgeordneter der UUP, darunter die Brian Faulkners, Wirtschaftsminister in O'Neills Kabinett und starker Mann der Partei. Noch allerdings konnte der Premier sich halten, war doch seine Politik bei der Mehrheit der protestantischen Bevölkerung durchaus populär, wie der beträchtliche Stimmengewinn bei den Wahlen von 1965 gezeigt hatte.

Die britische Labour-Regierung unter Harold Wilson (seit 1964) hatte vor ihrer Wahl Maßnahmen gegen die Diskriminierung der Katholiken in Nordirland angekündigt. Einmal im Amt, zeigte sie jedoch kein Interesse mehr an Ulster, beruhigt durch den äußeren Anschein der Bemühungen O'Neills. In Wirklichkeit wurden die diskriminierenden Praktiken jedoch nicht verändert: Das Wahlgesetz von 1968 z. B. schaffte zwar den Anachronismus der Universitäts- und Unternehmensstimmen ab, führte jedoch nicht zu einem universellen Wahlrecht bei lokalen Wahlen, weil weiterhin eine Besitzqualifikation für das Stimmrecht nachgewiesen werden musste. Ebenso wenig berichtigte es die manipulierten Wahlkreisgrenzen. Zwar profitierten die Katholiken von der Erhöhung der staatlichen Zuschüsse für katholische Schulen von 1965 – es gab (und gibt) in Nordirland faktisch ein streng nach Konfessionen zweigeteiltes Schulsystem –, sonst aber wurde an den Strukturen, die Craig, Andrews und Brooke hinterlassen hatten, nichts geändert. Eine offizielle Untersuchungskommission stellte 1969 deutliche Hinweise darauf fest, dass Protestanten bei der Vergabe staatlich geförderten Wohnraums und bei der Einstellung zum öffentlichen Dienst gezielt bevorzugt würden. Ähnlich sah es im Justizdienst und in staatlichen Unternehmen aus (Post, Wasser-, Gas-, Stromversorger). In der Privatwirtschaft, auch wenn dies schwerer nachzuweisen ist, wurden Katholiken ebenfalls diskriminiert, vor allem aufgrund der vorherrschenden Struktur kleiner, vom in der Regel protestantischen Inhaber geleiteter Firmen, aber in größeren Unternehmen auch wegen des Widerstands der Arbeiterschaft gegen die Einstellung Andersgläubiger. Das galt allerdings ebenso andersherum: Firmen mit katholischem Besitzer bzw. katholischen Arbeitnehmern stellten in der Regel keine Protestanten ein. Diskriminierung in der Beschäftigung war eine Art notwendiges Produkt der geteilten Gesellschaft und wurde von beiden Seiten eifrig betrieben, aber aus historischen Gründen litten Katholiken mehr darunter, weil die meisten Arbeitgeber protestantisch waren.

Vor diesem Hintergrund konstituierten sich seit Mitte der 60er Jahre etliche Vereinigungen nach dem Vorbild der amerikanischen Bürgerrechtsbewegung, die sich die Beseitigung der weiter bestehenden Benachteiligung der katholischen Minderheit auf ihre Fahnen schrieben. Den Auftakt machte die *Campaign for Social Justice* (CSJ) am 14. 1. 1964. Warum nun entstand gerade Mitte der 60er Jahre die Bürgerrechtsbewegung, zu einem Zeitpunkt, als erstmals eine Regierung in Stormont zumindest ansatzweise eine Reformpolitik verfolgte?

Die einflussreichste Erklärung stammt aus dem ‹Cameron-Report›,[1] der 1969 die Ursachen der zunehmenden Gewalt auf den Straßen Ulsters untersuchte: Grund sei die merklich gewachsene katholische Mittelschicht, die sich deutlich weniger mit der – wahrgenommenen oder tatsächlichen – Diskriminierung abzufinden bereit war. Diese Schicht sei aufgrund der Ausweitung des Bildungsangebots für Katholiken nach dem Krieg entstanden und ihr politisches Bewusstsein in den 60er Jahren erwacht. In jüngster Zeit wird diese Interpretation jedoch in Frage gestellt:[2] Man müsse eher von politischen Auslösern für die Bürgerrechtsbewegung als sozialen Gründen ausgehen. Eine dieser politischen Triebfedern sei der Sieg Labours bei den Wahlen 1964, der bei den Katholiken in Nordirland aufgrund der Nähe des Premiers Wilsons zum anti-unionistischen Flügel Labours große Erwartungen weckte. Ein zweiter politischer Grund sei die Veränderung innerhalb der Nationalistischen Partei gewesen, die 1965 ihren Platz als offizielle Opposition in Stormont einnahm und gegenüber dem nordirischen Staat auf eine prononciert versöhnliche Haltung einschwenkte, dabei aber zu Bürgerrechtsfragen keine eigene Position entwickelt habe. Es musste also eine neue Ausdrucksform des politischen Engagements gefunden werden. Dazu kam, dass sich die Situation der katholischen Unterschichten verschlechterte, deren Größe ebenso wie die der Mittelschichten zunahm; dieser Sektor vor allem der ungelernten Arbeiter habe ein großes Reservoir für Widerstand gegen den Unionismus dargestellt.

Eine Dachorganisation schufen sich die Bürgerrechtsbewegungen in der *Northern Ireland Civil Rights Association* (NICRA) am 29. 1. 1967. Dabei waren über 100 Delegierte unterschiedlicher Organisationen anwesend, darunter Vertreter aller politischen Parteien Nordirlands. Katholiken stellten jedoch die ganz überwiegende Mehrheit; zudem hatten von Anfang an militante Republikaner eine führende Position inne. Im Sommer 1968 organisierte die NICRA einen ersten größeren Protestmarsch, um auf die ungerechte Vergabe von Sozialwohnungen in Tyrone hinzuweisen. Einheiten von Paisleys UPV sahen das als «nationalistische Invasion von loyalistischem Territorium» an und organisierten eine Gegendemonstration am geplanten Ziel des Marsches. Der Innenminister untersagte daraufhin diesen Zielort, ohne jedoch der NICRA darüber Nachricht zu geben. Am 24. 8. 1968 marschierten 2500 Menschen los. Am Ortseingang von Dungannon versperrten starke Polizeikräfte mit Hunden die Straße, hinter denen sich eine wütende loyalistische Meute versammelte. Zu größeren Gewaltausbrüchen kam es – noch – nicht, der Vorsitzenden der NICRA, Betty Sinclair, gelang es, die Marschierer trotz der Provokationen von loyalistischer Seite davon zu überzeugen, den Rednern der Kundgebung friedlich zuzuhören.

Besonders gebeutelt von ökonomischen Problemen war Londonderry; folglich hatten dort etliche Protestorganisationen ihre Basis. Es war vor allem die Frage des sozialen Wohnungsbaus, auf die sich die Klagen konzentrierten. Deshalb wollte, nach dem publizistischen Erfolg der Aktion in Dungannon, das *Derry Housing Action Committee* dort ebenfalls einen solchen Protestmarsch durchführen. Daraufhin meldete der unionistische Orden *Apprentice Boys of Derry* eine Gegendemonstration an, zur gleichen Zeit, am gleichen Tag, mit der gleichen Route. Emissäre der NICRA bemühten sich, die örtlichen Organisatoren von dem Marsch abzubringen, der am Vortag vom Innenminister verboten worden war, konnten sich aber nicht durchsetzen. Die Führung der NICRA fürchtete, dass Radikale die Kundgebung ausnützen könnten, um sich mit der Polizei anzulegen. In der Tat gab später einer der Organisatoren, Eamonn McCann, zu, dass es bewusste

Strategie gewesen sei, die Sicherheitsorgane zu Überreaktionen zu provozieren und damit der ganzen Welt die Hässlichkeit des nordirischen Staats zu offenbaren.[3]

Nur etwa 400 Demonstranten marschierten am Morgen des 5.10.1968 los, unter ihnen auch drei Westminster-Abgeordnete der Labour-Partei. Vor einer Polizeisperre kam die Demonstration zum Stehen. Ohne von Teilnehmern der Kundgebung provoziert worden zu sein, griffen die Polizisten unversehens mit Schlagstöcken an. Die eingekesselten Demonstranten wurden systematisch brutal zusammengeschlagen; als die RUC Fliehende verfolgten, verprügelten sie auch unbeteiligte Passanten. Einige Demonstranten konnten in das katholische Viertel Bogside flüchten. Die Polizei jagte sie in die Bogside hinein, bis sie durch eine brennende Barrikade gestoppt wurde. An dieser Barrikade entzündete sich eine wilde Straßenschlacht, in der Anwohner erst Steine und dann Benzinbomben auf die Polizisten niederregnen ließen. Ein irisches Kamerateam nahm das Vorgehen der RUC auf. Die Bilder der Polizeibrutalität gegen offensichtlich harmlose, unbewaffnete Demonstranten und Unbeteiligte (einschließlich der Parlamentsmitglieder) und die Äußerungen des Innenministers Craig vom folgenden Tag, die Demonstranten seien Republikaner und gelenkt von IRA und den Kommunisten, machten der schockierten irischen und britischen Öffentlichkeit deutlich, dass man ein reaktionäres Regime dabei erwischt hatte, wie es im Vereinigten Königreich elementare Freiheitsrechte unterdrückte. Der 5.10. war nicht das erste Mal, dass nordirische Sicherheitsorgane auf diese Weise handelten; zum ersten Mal jedoch nahm die Öffentlichkeit außerhalb Nordirlands wahr, was dort geschah. Das ist auch der Grund dafür, dass dieser Tag gemeinhin als Startpunkt der «Troubles» bezeichnet wird.

In der Folge des 5.10. erhielt die NICRA großen Zulauf; beinahe jede Woche veranstaltete sie jetzt Massendemonstrationen in ganz Ulster mit den Forderungen: «One Man, One Vote»; gerechte Wahlkreisgrenzen; Zuteilung von Wohnraum nach Bedürftigkeit; Jobvergabe nach Leistung; Recht auf freie Meinungsäußerung; Aufhebung der Notstandsgesetzgebung. Die aufziehende Krise – und vor allem deren weltweite Publizität – zwang endlich auch die Regierung Wilson, sich ernsthaft mit Nordirland zu beschäftigen. Die unionistische Führung wurde nach London zitiert, und Wilson bestand auf einem Reformpaket. Nach etlichen Sitzungen des nordirischen Kabinetts verkündete O'Neill am 22. 11. 1968 ein 5-Punkte-Programm: Die *Londonderry Corporation* sollte ersetzt werden durch eine Kommission für Entwicklung; lokale Verwaltungen sollten ein faires Punktesystem für die Vergabe von Sozialwohnungen einführen; Teile des *Special Powers Acts* zurückgenommen werden; ein Ombudsmann Beschwerden von Bürgern bearbeiten; das allgemeine Wahlrecht bei regionalen Wahlen zumindest erwogen werden. Die Konzessionen schreckten viele Unionisten auf, die sie für einen Teil einer Konspiration Wilsons, O'Neills und des irischen Premiers Lynch hielten, mit dem Ziel, ihre Position zu unterminieren. Anfang Dezember warb O'Neill in einer Radioansprache um Unterstützung für seinen Reformkurs: Ulster stehe an einer Wegscheide, man müsse sich jetzt entscheiden zwischen einer «glücklichen, respektierten» oder einer «ständig von Aufständen und Demonstrationen zerrissenen» Provinz, die von den Briten politisch geächtet würde. An die Adresse der Bürgerrechtler gewandt bat er darum, «die Hitze aus der Situation zu nehmen»; ihre Stimme sei wohl vernommen worden. O'Neill erhielt großen Zuspruch: 150 000 Briefe und Telegramme gingen in Stormont ein, die seine Worte billigten, zusätzlich wurden weitere 120 000 Coupons aus einer Zeitung eingesandt, in denen ebenfalls die Unterstützung des Inhalts der Rede deutlich gemacht wurde. Etliche Bürgerrechtsorganisationen sagten geplante Kundgebungen ab. Innenminister Craig, der die Rede offen kritisiert hatte, wurde entlassen.

Nichtsdestoweniger begannen am Neujahrstag 1969 40 Militante aus der *People's Democracy* (PD), einer von Studenten ins Leben gerufenen Organisation, mit einem Protestmarsch, der von Belfast nach Londonderry die ganze Provinz durchqueren sollte; Vorbild war der Marsch Martin Luther Kings von Selma nach

Montgomery von 1965. Ein großer Teil der Route führte durch protestantisches Gebiet, und schon beim Start in Belfast wurden die Demonstranten von Loyalisten attackiert, die ein Vertrauter Paisleys anführte. Weil die Aktion der PD nicht verboten war, musste die RUC sie schützen, was die Polizisten nur unter offenem Bekunden ihres Missfallens taten. Kurz vor Londonderry gerieten die Marschierer in einen Hinterhalt und wurden von Loyalisten mit Steinen und Stöcken angegriffen, während die Polizei wegsah. Etliche der Angreifer wurden später auf Fotos als Mitglieder der *B-Specials* identifiziert. Diejenigen Demonstranten, die es in die Stadt schafften, wurden dort erneut angegriffen, wobei die Polizei von der Szenerie verschwand. Am Abend stürmten größere Einheiten der *B-Specials* die Bogside, wo sie Fenster zerschmissen, Türen eintraten, Passanten mit Steinen bewarfen. Der unionistischen Verbitterung über die vermeintliche Invasion ihres Territoriums durch die PD stand eine ebenso große der Nationalisten wegen der Brutalität und der Einseitigkeit des Vorgehens der Sicherheitsorgane entgegen. Verhängnisvolle Folge der Ereignisse war ein enormer Vertrauensverlust der Katholiken in die staatlichen Sicherheitsorgane. Zum ersten Mal tauchten Schilder mit «*Free Derry*» am Eingang zur Bogside auf, der barrikadiert wurde; das war Ausdruck des Willens, die Sicherheit der katholischen Bevölkerung zukünftig in die eigenen Hände zu nehmen. Nach fünf Tagen brachten friedliche Bürgerrechtler die Einwohner dazu, die Barrikaden abzubauen. Allerdings beendeten die Moderaten gleichzeitig auch ihr Kundgebungsmoratorium: Am 11.1. geriet ein Marsch für Bürgerrechte in Newry außer Kontrolle. Diesmal hielt sich die Polizei allerdings zurück, als militante Protestierer versuchten, mit Gewalt die Demonstration umzufunktionieren. Als Folge dieser Radikalisierung verließen die meisten Protestanten und viele gemäßigte Katholiken die Bürgerrechtsbewegung, in der nun zunehmend die Republikaner die Kontrolle übernahmen. Die Organisatoren der zahlreichen Demonstrationen zielten jetzt offen auf Konfrontation ab, die Vergeltungsaktionen der Polizei provozieren und damit die Destabilisierung der Provinz bringen sollte.

Am 15. 1. 1969 berief O'Neill eine Untersuchungskommission über die jüngsten Vorfälle ein. Kurz danach traten mehrere Minister, unter ihnen Brian Faulkner, unter Protest ob dieser vermeintlichen Schwäche aus dem Kabinett zurück. Am 3. 2. trafen sich unionistische Abgeordnete in Portadown und forderten öffentlich den Rücktritt O'Neills, der am gleichen Tag als Versuch eines Befreiungsschlages Wahlen für Ende Februar ankündigte. Das Ergebnis war, dass 39 Unionisten ihre Wahlkreise gewannen, davon waren 27 pro O'Neill, 10 offen gegen ihn und 2 nicht festgelegt. Trotz dieses recht guten Ergebnisses hatte der Premierminister nicht bekommen, was er wollte: Nämlich überwältigenden Zuspruch für seine Reformpolitik und darüber hinaus Unterstützung der katholischen Bevölkerung. O'Neill offerierte dennoch weitere Reformvorhaben, am 22. 4. erklärte er sich einverstanden mit dem gleichen Stimmrecht bei Regionalwahlen. Die Parlamentsfraktion der UUP akzeptierte diese Reform nur mit knapper Mehrheit. Am nächsten Tag trat auch O'Neills Cousin, James Chichester-Clark, unter Protest aus der Regierung zurück. Die wachsende Verärgerung der Protestanten stärkte die Kritiker des Premiers; den letzten Stoß versetzten ihm aber eine Reihe von Bombenanschlägen, die im März und April öffentliche Versorgungseinrichtungen trafen. Die RUC erklärte, die Anschläge seien nach einem Plan der IRA ausgeführt worden. O'Neill glaubte das, mobilisierte 1000 *B-Specials* und ordnete an, dass alle Polizisten fortan Waffen tragen müssten. Allerdings waren die Anschläge sämtlich von loyalistischen Extremisten verübt worden; sie sollten für das Werk von Republikanern gehalten werden, damit die unionistische Meinung sich gegen alle Konzessionen wandte und O'Neill zum Rücktritt gezwungen würde. Dieses Vorhaben (obwohl bereits im selben Jahr entdeckt) funktionierte wie geplant: In der Überzeugung, dass sich die Bürgerrechtsbewegung zu einer terroristischen Kampagne entwickle, drohten etliche unionistische Parlamentarier, dem Premier die Unterstützung zu entziehen; am 28. 4. 1969 trat O'Neill zurück. An diesem Abend brannten Freudenfeuer in der Shankill Road, dem Zentrum des protestantischen Arbeiterviertels von Belfast.

2. Eskalation (1969–1972): Von der «*Battle of the Bogside*» bis zum «*Bloody Sunday*»

Nachfolger O'Neills wurde James Chichester-Clark, ein Kompromisskandidat, der erklärte, mit dem Reformprogramm fortfahren zu wollen, gleichzeitig aber eine Amnestie für die radikalen Unionisten wie Paisley verkündete. Unterdessen demonstrierten militante Bürgerrechtler weiterhin auf der Straße. Im späten Mai konzentrierte sich der Aufruhr auf Belfast, aber die Konflikte weiteten sich mit Beginn der Marschsaison des Oranierordens aus. Am 12. 7. 1969, dem jährlichen Höhepunkt der Saison, wurden Paraden in Belfast und Londonderry angegriffen, und bis zum nächsten Tag regierte die nackte Gewalt in den Straßen. Beinahe täglich kam es jetzt zu brutalen Übergriffen radikaler republikanischer und loyalistischer Gruppen auf gegnerische Paraden, Wohnviertel und Polizeiwachen. Die Polizei war offensichtlich vollkommen überfordert.

Besonders Besorgnis erregend war die Situation vor der traditionellen Parade der *Apprentice Boys* in Londonderry am 12. 8. In Erinnerung an den Vorstoß der RUC und der *B-Specials* bereitete sich die Bogside auf eine Belagerung vor. Als die Parade an der Grenze des Viertels vorbeikam, fingen katholische Jugendliche an, den Zug mit Steinen zu bewerfen. Sofort entbrannte eine wilde Straßenschlacht. Die Polizei versuchte, die Gruppen zu trennen. Republikanische Agitatoren wiegelten die Katholiken auf, die Barrikaden zu verstärken und der RUC Widerstand zu leisten. Als eine Polizeieinheit daran ging, eine Barrikade wegzuräumen, wurde sie mit Benzinbomben von den umliegenden Dächern beworfen. Wieder und wieder versuchte die Polizei vergeblich, die Barrikaden zu durchbrechen. Die Schlacht («*Battle of the Bogside*») ging mit unverminderter Härte in der Nacht weiter und breitete sich am Morgen über die ganze Stadt aus. Am Abend des 13. 8. sagte der irische Premier Lynch in einer Radioansprache, es sei offenkundig, dass die Regierung in Stormont die Lage nicht länger kontrolliere. Die irische Regierung könne nicht länger daneben stehen und zusehen, wenn Unschuldige verletzt würden.

Aufgrund der Ansprache glaubten etliche katholische Bewohner, die irische Armee würde einmarschieren. Allerdings rief Lynch nur nach einer Friedenstruppe der UNO, weil die RUC nicht mehr länger als unparteiisch angesehen werde und der Einsatz britischer Truppen nicht akzeptabel sei. Die Ansprache trug nicht zur Beruhigung der Lage bei, im Gegenteil: Die Schlacht tobte in der kommenden Nacht weiter.

Schließlich handelte auch die Regierung in London: Am Nachmittag des 14. 8. trafen Einheiten der britischen Armee in Londonderry ein, um die RUC zu ersetzen. Die Soldaten wurden von der katholischen Bevölkerung freudig begrüßt, weil ihr Einsatz, zumindest aus Sicht der Republikaner, der Beweis dafür war, dass man die Schlacht gewonnen und die Polizei geschlagen hatte. In Westminster erklärte der britische Innenminister Callaghan, dass die Truppen den Befehl erhalten hätten, alle notwendigen Schritte zu unternehmen, unparteiisch zwischen den Bürgern zu handeln und Recht und Ordnung wieder herzustellen. Die Truppen würden abgezogen, sobald dies erreicht sei. Konkrete Vorstellungen, was dort getan werden musste, hatte London allerdings nicht, nur den festen Willen, die Dauer des Einsatzes möglichst kurz zu halten.[4] Zunächst hatte London Stormont zum harten, polizeilichen Durchgreifen gedrängt und gedroht, der Einsatz der Armee, um den Chichester-Clark flehentlich gebeten hatte, würde das Ende der Selbstverwaltung bedeuten. Als im August 1969 jedoch offensichtlich wurde, dass die nordirische Regierung Truppen zu Hilfe rufen musste, was immer die Konsequenzen wären, gab das britische Kabinett bekannt, an deren Entsendung seien keine Bedingungen geknüpft, wenn Chichester-Clark nur dafür sorge, dass der Einsatz schnell beendet sei. All dies geschah im vollen Bewusstsein, dass Großbritannien der rechtlichen Verpflichtung, Truppen nach Nordirland zu beordern, nicht würde ausweichen können.

Während sich in Londonderry die Lage beruhigte, flammte am 14. 8. die Gewalt an mehreren Punkten in Belfast auf. Angeheizt wurde das Klima durch die Nachricht vom ersten ermordeten Zivilisten. Die Protestanten auf der anderen Seite waren wütend und besorgt, weil Teile Ulsters der Regierungsgewalt entglitten waren; außerdem grassierte die Furcht, dass der republikanische Sieg in der Bogside ein tödlicher Schlag gegen das Weiterbestehen von Nordirland sein könnte, was durch Lynchs Ansprache noch verstärkt wurde. Auch im katholischen Arbeiterbezirk Falls wurden Barrikaden errichtet, um die wütende Straßenschlachten zwischen republikanischen «Verteidigungskomitees», loyalistischen Paramilitärs und der Polizei ausgefochten wurden. Zwar konnte die einrückende Armee, die wie in Londonderry von den Katholiken freundlich empfangen wurde, die streitenden Parteien in Falls voneinander trennen. Weil es aber nicht genug Truppen waren, brannten die Auseinandersetzungen an anderen Stellen wieder los. Die Bilanz der Gewalt im Juli und August 1968 war blutig: 10 Tote waren zu beklagen, 154 Verwundete mit Schusswunden und 745 sonstige Verwundete; auch die materiellen Schäden waren erheblich. Belfast war (mit Ausnahme der Mittelschichten-Vorstädte) zur Kriegszone geworden. Soldaten separierten besonders gefährliche Straßenzüge erst nur mit Stacheldraht; später wurden diese Grenzzäune verstärkt, teilweise als bis zu 11 m hohe Mauern, gekrönt durch Stacheldraht (so genannte *Peace-Lines*). Ganze Bezirke in Londonderry und Belfast waren von Barrikaden umgeben und von den dortigen republikanischen Verteidigungskomitees zu «*No-go-areas*» erklärt worden, d. h. die staatlichen Sicherheitsorgane hatten dort keinen Zutritt. Auch die Armee hielt sich – nicht zuletzt, um die eigene Sicherheit nicht zu gefährden – an diese Grenzziehungen.

Die Organisation der katholischen Selbstverteidigung hatten in Londonderry und Belfast Bürgerkomitees übernommen; die IRA, die im Bürgerkrieg 1920–1922 und in den Unruhen von 1935 den Schutz der Katholiken Nordirlands zu ihrer Sache gemacht hatte, blieb jetzt unsichtbar. Wütende Bewohner des Viertels Ardoyne in Belfast schrieben das Akronym IRA nach den Augustkrawallen 1969 folglich als «*I Ran Away*» aus. Die Schwäche der IRA war eine Folge der politischen Umorientierung, die die republikanische Bewegung in den 60er Jahren durchlief.

Nach dem Abbruch der Grenzkampagne 1962 hatte die Führung der IRA eine neue, marxistisch inspirierte Strategie entwickelt, die auf einer «Phasentheorie» beruhte, laut der zunächst die Arbeiterklasse beider Konfessionen im Norden und Süden vereint und danach der Umsturz des kapitalistischen Systems auf der ganzen Insel in Angriff genommen werden sollte. Mit dieser ideologischen Wende war auch eine Neudefinition der Mittel der republikanischen Bewegung verbunden: Im Vordergrund sollten politische Maßnahmen stehen; sogar eine Abkehr vom sakrosankten Prinzip der Nicht-Beteiligung an den Institutionen beider irischer Staaten wurde für die gewählten Abgeordneten von *Sinn Féin* zumindest in der Republik ins Auge gefasst. Diese Frage traf das Herz der republikanischen Ideologie, wurde doch die Regierung in Dublin als illegitim («korrumpierte Marionetten» der Briten) und nicht weniger abzulehnen als Stormont oder Westminster angesehen. Die IRA, deren erklärtes Ziel war, die Nation mit militärischen Mitteln zu einigen, wurde trotz der Neuorientierung am Leben erhalten, aber nur, weil man sie als Rückgrat und Bindemittel der republikanischen Bewegung ansah. Die militärische Untätigkeit ließ freilich viele Kämpfer aus der IRA ausscheiden. Auch im Norden änderte sich der Charakter der IRA deutlich: Beeindruckt vom sichtbaren Erfolg der Methoden der Bürgerrechtsbewegung gab sie ihre alte militärische Struktur praktisch auf; Einheiten wurden aufgelöst, Paraden und Waffentraining weitgehend eingestellt. Die Führung versuchte die IRA in eine revolutionäre «Bürgerarmee» zu transformieren, deren Kampfmittel vor allem ökonomischer Widerstand (Streiks) und politische Aktionen sein sollten. Infolge dieses Wandels der Ideologie und der Kampfpraktiken war die IRA 1969 in Nordirland schwach: In Belfast bezeichneten sich weniger als 60 Männer als Angehörige der IRA; im Mai 1969 belief sich ihre Bewaffnung in Belfast auf eine Maschinenpistole, eine Pistole und etwas Munition.

Im Dezember 1969 traf sich die *Army Convention*, das höchste Gremium der IRA, in Dublin und stimmte mit großer Mehrheit für die de-facto-Anerkennung der beiden irischen Regierungen und Westminsters. Die Entscheidung, im Norden eine «Befreiungsfront» mit Gleichgesinnten (u. a. Kommunisten) einzugehen, wurde unterstützt. Die Traditionalisten der Bewegung, vor allem in Belfast, konnten mit diesem Kurs nichts anfangen; sie setzten auf eine Strategie des bewaffneten Kampfes, um den nordirischen Staat auf die Knie zu zwingen und den Abzug der Briten durchzufechten. Unmittelbar nach dem Treffen der *Army Convention* spalteten sich folglich die Traditionalisten von der IRA ab und nannten sich *Provisional Irish Republican Army* (PIRA, auch als «Provos» bezeichnet), während die Verbliebenen unter *Official Irish Republican Army* (OIRA) firmierten. Bei der Partei *Sinn Féin*, dem Juniorpartner der Armee, vollzog sich kurz darauf der Bruch entlang der gleichen Linien; künftig gab es also auch eine *Provisional* und eine *Official Sinn Féin*. Der *Provisional Army Council* erklärte seine Treue zur «32-Grafschaften-Republik von 1916», die 1922 gewaltsam niedergeworfen worden sei und bis zum heutigen Tage von den durch die Briten eingesetzten 6- und 26-Grafschaften-Teilungsstaaten unterdrückt werde.

Die Provos waren offen gewaltbereit, entschieden katholisch und gesellschaftspolitisch strikt konservativ. Die PIRA wurde streng hierarchisch gegliedert, was den Charakter als «Armee der Irischen Republik von 1916» betonen sollte; diese Struktur besteht zum größten Teil immer noch. Oberste Autorität ist die *Army Convention*, zu der jede Einheit Delegierte entsendet; die *Convention* (die seit 1969 erst fünfmal zusammengetreten ist) wählt die aus zwölf Personen bestehende *Army Executive*, nominell die Regierung der irischen Republik von 1916. Die Exekutive bestimmt die Mitglieder des Armeerates (*Army Council*), der eigentlichen Machtzentrale der IRA. Der Armeerat ernennt den Chef des Stabes, der aus den Führern der nach Tätigkeitsfeldern gegliederten Departments (z. B. Finanzen, Aufklärung, Öffentlichkeitsarbeit, Nachschub) besteht. Die aktiven Einheiten bildeten zunächst nach militärischem Vorbild geformte, für bestimmte Regionen zuständige Brigaden, Bataillone und Kompanien. Weil aber diese Struktur für den britischen Geheimdienst allzu leicht zu durchschauen war, besteht die kämpfende Truppe seit Ende der

7oer Jahre aus kleinen Zellen, den *Active Service Units*. Schon Mitte 7oer Jahre zählte die PIRA 1500 aktive Kämpfer, 800 davon in Nordirland.[5]

Im Januar 1970 entwarf die Führung der PIRA eine neue militärische Strategie: Zunächst sollte der Schutz katholischer Wohngebiete oberste Priorität haben. Wenn dieser gesichert war, wollte man von der Defensive zu gleichzeitiger Verteidigung und Vergeltung gegen die britische Armee übergehen. Als letzter Schritt war eine umfassende Offensive gegen das britische Besatzungssystem geplant, die in einem militärischen Sieg enden sollte. Diese Strategie benötigte aber einen Stimmungsumschwung bei der katholischen Bevölkerung, die den britischen Soldaten noch wohlwollend gegenüber stand, weil sie ihrer Aufgabe, als unparteiische Ordnungskräfte zu handeln, bis zu diesem Zeitpunkt erkennbar nachkamen und gleichermaßen scharf gegen loyalistische wie republikanische Aufrührer vorgingen. Zur Entfremdung der Armee von der katholischen Bevölkerung setzte die PIRA darauf, die Soldaten zu überharten Reaktionen zu provozieren. Beispielsweise griffen im März 1970 republikanische Jugendliche eine genehmigte Parade der Juniororganisation des Oranierordens an. Als Soldaten zum Schutz herbeieilten, wurden sie mit Steinen und Benzinbomben beworfen. In der folgenden Nacht brachen weitere Unruhen aus, und die Armee rückte mit gepanzerten Wagen vor. Sie setzte Reizgas ein und verhaftete alle Jugendlichen, die ihr in die Hände fielen. Die Ausschreitungen dauerten zwei weitere Nächte an. Im Rückblick liegt die Vermutung nahe, dass die Ereignisse einem von der PIRA inszenierten Drehbuch folgten, zumal andere Zusammenstöße zwischen Katholiken und Armee nach ähnlichem Muster abliefen.[6] Der örtliche Kommandant der Provos war übrigens Gerry Adams, heute Präsident von *Sinn Féin*. Einen weiteren großen Schwung neuer Rekruten für beide Flügel der IRA brachten die Ereignisse vom Juli 1970: Am 3. 7. erhielt die Polizei den Tipp, dass in einem Gebäude in Falls Waffen zu finden seien. Tatsächlich entdeckten RUC und Armee dort einige Feuerwaffen und Sprengstoff. Daraufhin verhängte die Armee eine totale Ausgangssperre für das

Gebiet für 35 Stunden; anschließend wurde jedes Haus rigoros durchsucht. Dabei beschlagnahmte man 52 Pistolen, 55 Gewehre, 100 selbst konstruierte Bomben, über 100 Kilo Sprengstoff und 21 000 Schuss Munition. Die Hausdurchsuchung und Ausgangssperre für ein ganzes Stadtviertel, vom Volksmund als «Vergewaltigung der Falls» bezeichnet, rief den scharfen Protest der Anwohner und der gesamten republikanischen Bewegung hervor. Obwohl viele Waffen gefunden wurden, und damit das militärische Ziel erreicht wurde, war die Durchsuchung ein politisches Fiasko, denn sie beschädigte das positive Bild der Armee schwer, die jetzt als Teil der unionistischen Unterdrückungsmaschinerie gesehen wurde.

Anfang 1971 trat die Kampagne der PIRA offiziell in ihre zweite Phase ein: Der Armeerat sanktionierte die Erschießung britischer Soldaten und nordirischer Polizisten. Daraufhin wurde im Februar der erste Soldat ermordet. Zweite Front der Kampagne war die Zerstörung der kommerziellen Zentren nordirischer Städte durch Bombenanschläge, was die Kosten der «britischen Besatzung» in die Höhe treiben sollte. Das Gewaltniveau in der Provinz steigerte sich damit noch einmal deutlich. Am 20. 3. 1971 trat Chichester-Clark unter Protest zurück, weil London die Armee nicht zu härterem Vorgehen bestimmen wollte. Nachfolger als nordirischer Premierminister wurde Brian Faulkner. Faulkners eiserner Loyalismus war den Katholiken jedoch noch erinnerlich, und so intensivierten sie ihren Widerstand gegen das Stormont-Regime. Anfang August breiteten sich schwere Unruhen über ganz West-Belfast aus. Auf Drängen Faulkners billigte daraufhin die britische Regierung die massenhafte Internierung Verdächtiger, die am frühen Morgen des 9. 8. in einer umfassenden Aktion in Gang gesetzt wurde. Tausende Soldaten zogen durch die Provinz, begleitet von Aufklärungsspezialisten der Polizei, um mutmaßlich gewaltbereite Republikaner dingfest zu machen. 342 Männer wurden verhaftet und dann in Internierungszentren verbracht, wo sie zum Teil monatelang festgehalten und in etlichen Fällen einer brutalen Behandlung (mit Schlägen und Elektroschocks, Erniedrigungen, Scheinhinrichtungen) unterworfen wurden. Die Internierten waren nahezu alle Katholiken – es wurde kein Versuch unternommen, auch loyalistischer Gewalttäter habhaft zu werden. Die Internierungsaktion erwies sich als katastrophaler Fehlschlag: Nicht nur waren den Sicherheitsorganen die wirklich gefährlichen militanten Republikaner entwischt, wie eine geheime Pressekonferenz zeigte, auf der die PIRA in Belfast ihre bekanntesten Führer präsentierte. Vor allem waren die politischen Auswirkungen verheerend: Der Staat Nordirland – und mit ihm seine Sicherheitskräfte, was jetzt auch die Armee einschloss – hatte in den Augen der katholischen Minderheit jeden Rest von Legitimität verspielt. Die Enttäuschung der Nationalisten brach sich in heftigen Gewaltausbrüchen auf den Straßen Ulsters Bahn. Die Gewaltwelle hielt über Wochen an: Noch am 9. 8. starben zehn, am folgenden Tag elf Menschen in Belfast einen gewaltsamen Tod, hunderte Häuser gingen in Flammen auf, tausende katholische Familien flohen über die Grenze nach Süden. Die PIRA reagierte auf die Internierung mit einer rücksichtslosen Offensive, namentlich in Belfast: Im August 1971 gab es dort 131 Bombenattentate, 196 im September und 117 im Oktober. Und die Loyalisten zahlten mit gleicher Münze heim: In den vier Monaten nach der Internierungsaktion wurden 37 Zivilisten, 30 Soldaten und 11 Polizisten getötet. Die Situation in Ulster war endgültig außer Kontrolle geraten.

1972 setzte der Armeerat der PIRA die dritte Phase ihrer Strategie in Kraft, die allumfassende Offensive unter dem siegesgewissen Namen «Victory 72». Die weitere Eskalation sollte durch den massiven Einsatz von Heckenschützenkommandos, Bombenattentaten – zu diesem Zweck erfand die PIRA übrigens auch 1972 die Autobombe – und nach wie vor gezielte Provokation von Straßenschlachten erreicht werden. Letzteres erwies sich binnen kürzestem als extrem wirkungsvolles Mittel: Am Sonntag, dem 30. 1., versammelten sich einige hundert Menschen im katholischen Arbeiterbezirk Creggan in Londonderry. Trotz eines Verbots der Regierung wollte die NICRA einen Protestmarsch veranstalten, der bis ins Stadtzentrum führen sollte. Die Stimmung war explosiv: In den vorangegangenen zwei Wochen hatte die

PIRA in Londonderry 80-mal auf Armeeeinheiten geschossen, dabei waren zwei Soldaten getötet und zwei verwundet worden; 84 Nagelbomben waren geworfen worden; seit Monaten kämpften jede Nacht Jugendliche gegen die Truppen. Der Kommandeur der Landstreitkräfte in Nordirland, Generalmajor Ford, wollte den «Hooligans» eine Lektion erteilen, indem er eine Eingreiftruppe der Fallschirmjäger an das Ende des Demonstrationszuges stellte. Als der Zug die Bogside passierte, war er über 15 000 Menschen stark. Die Armee versperrte die Straße zum Zentrum, sodass die Marschierer eine Ausweichroute nahmen. Während des Umschwenkens des Zuges griffen katholische Jugendliche mit wachsender Heftigkeit die Sperre der Armee an. Die Soldaten setzten Reizgas und Gummigeschosse ein. Kurz nach vier Uhr nachmittags sandte Ford, entgegen dem dringenden Rat des Distriktinspektors der RUC, der erst eine saubere Trennung von Gewalttätern und Demonstranten erreichen wollte, die Fallschirmjäger vor, die kurz darauf zu schießen begannen. Angeblich war aus den Reihen der Protestierer das Feuer eröffnet worden. In dem Gemetzel am «*Bloody Sunday*» wurden 13 Demonstranten verwundet und 14 Menschen getötet, etliche von ihnen noch Teenager. Viele der Opfer wurden im Rücken getroffen. Waffen fand man bei keinem von ihnen.

Die Nachbeben des «Blutsonntags» erschütterten Ulster, Irland und Großbritannien: Denn die Katholiken Londonderrys und die meisten Menschen in ganz Irland sahen in dem Vorgehen der Armee durch nichts zu rechtfertigenden Mord. Der spätere Bischof Edward Daly, Zeuge der Vorfälle, sagte in einem Fernsehinterview von 1992 über den Eindruck des «Blutsonntags» auf die katholische Minderheit: Etliche jüngere Leute, die eigentlich eher friedlich eingestellt gewesen seien, hätten sich in der Folge zu Militanten gewandelt. Diejenigen, die sahen, was geschah, seien voller Zorn gewesen und suchten nach einer Möglichkeit, Rache zu nehmen. Bei Gefängnisbesuchen erzählten ihm später viele jüngere Insassen, dass sie sich ohne den «*Bloody Sunday*» niemals mit der IRA eingelassen hätten. Im Unterhaus attackierte die Bürgerrechtlerin Bernadette Devlin Innenminister Maudling, zog ihn an den Haaren und versetzte ihm eine Ohrfeige. Der irische Premier verkündete einen Trauertag und bezeichnete die Schießerei als «barbarisch und unmenschlich». In Dublin marschierte ein wütender, nach Zehntausenden zählender Mob zur britischen Botschaft, stürmte sie und brannte sie nieder.

Die von London eingesetzte Untersuchungskommission (nach ihrem Vorsitzenden *Widgery-Commission* genannt) kam zu dem Schluss, dass es zwar vereinzeltes Fehlverhalten von Soldaten gegeben habe, sie aber zweifellos erst geschossen hätten, nachdem das Feuer auf sie eröffnet worden sei. Das widersprach allerdings sämtlichen Zeugenaussagen von Demonstrationsteilnehmern. Die militärisch und polizeilich vor Ort Verantwortlichen wurden praktisch von jeder Schuld freigesprochen. Dieses Fazit der Untersuchung nannte Edward Daly angesichts des vollkommen unterschiedlichen Eindruckes der katholischen Augenzeugen «obszön».[7]

Die OIRA begriff den «Blutsonntag» als Signal, ebenfalls wieder militärisch zu agieren, und trug den Kampf nach England: Am 22.2. zündete sie eine Bombe in der Offiziersmesse der Kaserne des Fallschirmjäger-Regiments in Aldershot; fünf Frauen, die dort arbeiteten, starben, ein katholischer Pfarrer und der Gärtner. Die Provos töteten gleichermaßen weiter: In Belfast lösten sie am 4.3. zur Hauptgeschäftszeit in einem Restaurant ohne vorherige Warnung einen Sprengsatz aus; zwei Frauen wurden getötet; vier Menschen verloren beide Beine, 130 weitere wurden verwundet. Am 20.3. explodierte ohne Warnung noch eine Bombe der PIRA in einem Einkaufszentrum; zwei Polizisten und vier Zivilisten starben, es gab mehr als 100 Verletzte, davon 19 schwer. Martin McGuinness (damals kommandierender Offizier der Provo-Brigade in Londonderry, heute Vizepräsident von *Sinn Féin*) ließ sich vernehmen, dass die Tötung von Zivilisten «nicht im Sinne des republikanischen Kampfes» sei, aber «in bestimmten Situationen unvermeidbar».[8]

Unter diesen Umständen begann auch in der protestantischen Bevölkerung ein Prozess der Abwendung vom nordirischen Staatswesen und seinen Organen, die sie offenkundig nicht mehr schützen konnten. Paisley forderte die Wiederaufstellung der inzwischen auf britischen Druck hin aufgelösten *Special Constabulary* (die durch eine neue Teilzeit-Kraft unter Kontrolle der Armee, das *Ulster Defence Regiment*, ersetzt worden war). Im Herbst 1971 hatte Paisley bereits die *Democratic Unionist Party* (DUP) aus der Taufe gehoben, unter deren Banner sich alle Protestanten versammeln sollten, die unzufrieden waren mit der vermeintlichen Schwäche der Regierung in Belfast. Damit war die Einheit des Unionismus, das eherne Prinzip, unter dem Nordirland erstarrt war, definitiv zerbrochen. Zur gleichen Zeit schlossen sich loyalistische Verteidigungskomitees, die sich analog zu den republikanischen Organisationen dieser Art zum Schutz protestantischer Wohnbezirke konstituiert hatten, zur *Ulster Defence Association* (UDA) zusammen, der größten paramilitärischen Organisation auf Seiten der Protestanten. *Ulster Vanguard*, eine neue loyalistische Pressure-group, mobilisierte den Zorn der Protestanten über das Unvermögen der Sicherheitsorgane, den nach dem «Blutsonntag» entfesselten republikanischen Terror zu bekämpfen: 70 000 kamen zu ihrer Versammlung im März in Belfast, wo ihr Führer, William Craig, erklärte, man müsse ein «Dossier» über die Männer und Frauen anlegen, die eine Gefahr für Nordirland darstellten; wenn nämlich die Politiker die Protestanten verrieten, könne es notwendig werden, den Feind selbst zu liquidieren.[9]

3. Britische Direktherrschaft: Das Ende der nordirischen Selbstverwaltung und Versuche der Konfliktlösung

Großbritannien war in den nordirischen Bürgerkrieg hineingeraten und hatte seine internationale Reputation aufs Spiel gesetzt und verloren: Zu lange war London untätig geblieben, und als endlich die Armee entsandt wurde, geschah dies ohne Plan und mit unzureichenden Kräften. Die Provinz konnte mit den bisher eingesetzten Mitteln nicht mehr beherrscht werden, das hatte der «Blutsonntag» der britischen und der Weltöffentlichkeit in aller Deutlichkeit vor Augen geführt. London musste handeln und endlich die volle Verantwortung für das übernehmen, was in der Peripherie des Vereinigten Königreichs geschah.

Am 24. 3. 1972 berief der konservative britische Premierminister Heath (seit 1970) Faulkner und seine Minister nach London, wo er ihnen ultimativ mitteilte, dass er die Kontrolle über die Sicherheit in Ulster nach Westminster zurück verlagern, einen Nordirlandminister ernennen und die unsinnige Internierung beenden wolle. Wie von Heath erwartet, teilte Faulkner ihm umgehend den Rücktritt der ganzen Regierung mit, der damit die zentrale Kompetenz genommen worden wäre. Daraufhin setzte Heath das Parlament in Stormont zunächst für ein Jahr außer Kraft und ernannte William Whitelaw zum Nordirlandminister. Die nordirische Eigenständigkeit war beendet; wie vor 1921 hatte Großbritannien erneut die Direktherrschaft übernommen.

Während die Provos die Entmachtung Stormonts als Triumph und Etappensieg auf dem Weg zur Beseitigung der britischen Herrschaft in Nordirland bejubelten, ihre Bombenkampagne nichtsdestoweniger mit noch größerer Härte fortsetzen, sahen sich die Unionisten von London betrogen: Faulkner erinnerte sich später, es sei ihm vorgekommen, als habe man ihm den Boden unter den Füßen weggezogen. Am Tag der letzten Parlamentssitzung in Stormont (28. 3. 1972) – dem zweiten Tag eines Proteststreiks der unionistischen Gewerkschaften, der in der ganzen Region Energieversorgung, Industrie und Transportwesen lahmgelegt hatte – gaben mehr als 100 000 Loyalisten ihrer Erbitterung in einer Demonstration vor dem Gebäude Ausdruck. Es blieb indessen nicht bei dem friedlichen Protest; die Gewalt in Ulster nahm nach dem Ende der Selbstregierung weiter zu: Die UDA errichtete – als Pendant der republikanischen No-go-areas, gegen die die Armee nichts unternahm – ihrerseits Barrikaden in protestantischen Wohnvierteln in Belfast und Londonderry und patrouillierte dort mit bewaffneten Kämpfern, martialisch ausgerüstet mit stählernen Knüppeln, Uniformen und Motorradhauben vor dem Gesicht. Im April 1972 starteten militante Loyalisten eine Vergeltungskampagne gegen Katholiken. Die meisten Opfer wurden wahllos getötet und hatten nichts mit der IRA zu tun. Die

PIRA reagierte mit ähnlich undifferenzierten Mordanschlägen auf protestantische Zivilisten. Bis Ende des Jahres wurden so 81 Katholiken und 40 Protestanten ermordet.

Während die OIRA aus dem Widerwillen der Bevölkerung gegen Attentate, bei denen Zivilisten starben, die Konsequenzen zog und im Mai 1972 einen unbefristeten Waffenstillstand ausrief (und seitdem im militärischen Kampf keine Rolle mehr spielte), lehnte die PIRA eine Waffenruhe ab, obwohl aufgrund der vielen toten Unschuldigen etliche Vertreter der katholischen Gemeinschaft dringend dazu aufriefen. Whitelaw versuchte mit einer Reihe von konziliatorischen Gesten, auch die PIRA zu einer Waffenruhe zu bringen: Er hob das Verbot von Protestmärschen der Bürgerrechtsbewegung auf und entließ hunderte Internierte. Im Juni erklärte die PIRA daraufhin öffentlich, zu einem Waffenstillstand und Verhandlungen mit der britischen Regierung bereit zu sein; Whitelaw lehnte das allerdings, im Sinne der offiziellen Politik, mit Terroristen nicht zu verhandeln, zunächst ab. Die Führer der parlamentarisch-nationalistischen *Social Democratic and Labour Party* (SDLP), Patrick Devlin und John Hume, stellten aber konspirativ zwischen beiden Seiten einen Kontakt her. Wichtigste Bedingung der PIRA für den Waffenstillstand war, dass ihre Häftlinge den Status politischer Gefangener erhalten sollten, was ihnen auch zugestanden wurde. Daraufhin verkündete die PIRA eine Waffenruhe. In aller Heimlichkeit reiste ein Team von PIRA-Leuten zu Gesprächen mit dem Nordirlandminister nach London (7.7.). Whitelaw war durchaus zu einigen Zugeständnissen bereit, konnte jedoch den weit gehenden Forderungen, die man ihm präsentierte, unter keinen Umständen nachgeben. Die Provos verlangten, dass Großbritannien das Recht Irlands auf eine Wiedervereinigung anerkennen und sofort seinen Rückzug aus Nordirland bis zum 1.1. 1975 verkünden sowie allen republikanischen Gefangenen unverzüglich Amnestie gewähren sollte. Konfrontiert mit der Zurückweisung nutzte die PIRA eine gewalttätige Auseinandersetzung in Belfast, um schon zwei Tage nach den Gesprächen den Waffenstillstand aufzukündigen. Als kurz darauf die Kontakte zur PIRA bekannt wurden, musste

Whitelaw öffentlich geloben, nie wieder mit Terroristen Gespräche zu führen.

Der Stabschef der PIRA, Seán Mac Stiofáin, verordnete jetzt totale Eskalation, um den Briten die Folgen ihrer Unnachgiebigkeit zu demonstrieren. Daraufhin erreichte im Sommer 1972 die militärische Kampagne der Provos die größte Intensität im gesamten Bürgerkrieg: In den 20 Tagen nach dem Ende des Waffenstillstandes kam es in Nordirland zu 2800 Schießereien und 200 Explosionen, 95 Menschen starben. Kulminationspunkt war der «Bloody Friday» am 21.7.: Die PIRA brachte an diesem Tag 39 Bomben in Nordirland zur Explosion, die Belfast verwüsteten, neun Leben forderten und 130 Opfer verstümmelten. Großbritannien reagierte auf die Hochzeit der Gewalt zunächst mit verstärkter Repression. Zusätzliche Truppen wurden nach Nordirland verlegt, die in einer groß angelegten Aktion in die No-go-areas in Belfast und Londonderry einrückten und dort befestigte Stellungen aufbauten («Operation Motorman», 31.7.1972). Auch die irische Regierung ging jetzt gegen die Provos vor, sodass die Republik nicht länger ein sicherer Hafen war: Im Oktober wurde das Hauptquartier der PIRA in Dublin geschlossen, mehrere Führer wurden verhaftet, unter ihnen Stabschef Mac Stiofáin.

Neben dem stringenteren und erfolgreicheren militärischen Vorgehen versuchte Whitelaw auch nachdrücklich, eine politische Lösung zu finden. Er initiierte Gespräche am Runden Tisch, an denen im September 1972 Vertreter der *Ulster Unionist Party* (UUP), der *Northern Ireland Labour Party* (NILP), der gemischtkonfessionellen *Alliance Party of Northern Ireland* (APNI) und der SDLP teilnahmen. Basis der Unterredungen war ein Diskussionspapier der britischen Regierung, in dem sie ihre Vorstellungen für eine Restituierung der nordirischen Selbstverwaltung darlegte: Nordirland sollte wieder eine eigene Legislative bekommen, die eine Regierung zu wählen hätte. Westminster würde bei Erfolg des Experiments nach und nach Kompetenzen an die nordirische Regierung übertragen. Der Erfolg sollte an zwei Punkten festgemacht werden: 1. Die Selbstverwaltung musste breite Unterstützung in beiden Gemeinschaften finden; das war der eindeutige

Hinweis an die Unionisten, dass nur mit einer Machtteilung zwischen den Konfessionen («*Power-sharing*») die Selbstverwaltung zurückzuerhalten war. 2. Ein *Council of Ireland* sollte eingerichtet werden, in dem Belfast, London und Dublin über Themen von gemeinsamen Interesse würden verhandeln können. Zum ersten Mal seit der Auflösung der Grenzkommission 1925 zeigte sich London bereit einzuräumen, dass die Republik ein begründetes Interesse an der Entwicklung Nordirlands habe. Die Regierung in Dublin signalisierte ihre Zustimmung zu dem Konzept, das seitdem mehr oder weniger allen politischen Lösungsversuchen des Nordirland-Konflikts zugrunde liegt.

Die konstitutionellen Nationalisten der SDLP befürworteten den Plan, insbesondere aufgrund der Zustimmung der Republik, ebenso wie die Parteien des moderaten Zentrums (NILP, APNI). Faulkner (für die UUP) wies den Plan nicht vollständig zurück, wollte ihn aber auch nicht ganz billigen. Die traditionellen Loyalisten (Paisleys DUP, der Oranierorden, die UDA) lehnten ihn hingegen ab, sie forderten die volle Restauration des Stormont-Regimes – mit den alten Regeln, d. h. der überkommenen unionistischen Dominanz. Wichtiger Test für die Durchführbarkeit des Plans waren die Wahlen zur nordirischen Legislative (*Assembly*) am 28.6. 1973: Die gemeinsame Wahlplattform der Unionisten, die die Machtteilung vollständig ablehnten (unabhängige Unionisten, *Ulster Vanguard* und DUP) gewann von den 78 Sitzen 26, APNI und NILP zusammen 9, die SDLP 19, die UUP unter Faulkner, deren Haltung weiter unklar blieb, 24.

Am 6.12. 1973 begannen im englischen Sunningdale Gespräche zwischen britischer und irischer Regierung sowie den nordirischen Parteien, die den Friedensplan endgültig festzurren sollten. Die loyalistische Opposition der *Assembly* lud man nicht ein. Damit war ein Ergebnis einfacher zu erzielen, es würde jedoch auch nur eingeschränkte Legitimität haben. Das Abkommen von Sunningdale (bekanntgegeben am 9.12.) fixierte einmal die Leitlinien der Machtteilung: Alle konstitutionellen Parteien mussten an der Regierung beteiligt werden, die Ministerposten waren streng nach Quote zu vergeben. Außerdem war, im Sinne der so genannten «gesamtirischen Dimension», die Schaffung eines *Irish Council* vorgesehen, dem man allerdings nur geringfügige Kompetenzen zuschrieb. Die *Assembly* konnte sich erst nach langwierigen Verhandlungen auf eine regionale Regierung nach den Prinzipien von Sunningdale einigen. Sechs Minister stellten die Unionisten Faulkners, der auch Regierungschef werden sollte, vier die SDLP, deren Vorsitzender Gerry Fitt Faulkners Stellvertreter wurde, und einen die APNI.

Die Militanten beider Seiten bezogen sogleich eindeutige Positionen: Am Tag nach der Bekanntgabe des Abkommens von Sunningdale kündigten die loyalistischen Paramilitärs die Gründung eines *Ulster Army Council* an, zum vereinten Widerstand insbesondere gegen den Irischen Rat, der als Vorstufe einer Vereinigung mit der Republik angesehen wurde. Die PIRA gab ihren Kommentar in Form dreier Autobomben in London am 18. 12. und weiteren drei Bomben zwei Tage später ab. Innerhalb des konstitutionellen Unionismus zeichnete sich eine Spaltung ab: Als der UUC sich mit Mehrheit gegen das Abkommen stellte, trat Faulkner als Parteiführer zurück und zog mit seiner Fraktion aus dem Parteihauptquartier aus. Dass Sunningdale nicht dem Willen der Protestanten entsprach, offenbarte das Ergebnis in Nordirland bei den im Februar 1974 durchgeführten Wahlen zum Unterhaus in London: Die dem Abkommen vom Dezember entgegen stehenden Gruppen (darunter jetzt auch die UUP) gründeten eine gemeinsame Front *United Ulster Unionist Council* (UUUC), die heftig gegen Sunningdale agitierte. Sie gewann elf von zwölf nordirischen Sitzen und erzielte 366 703 Stimmen, die Unionisten Faulkners nur rund ein Viertel so viele. Damit war deutlich geworden, dass die Regionalversammlung, in der die Befürworter des Abkommens die Mehrheit hatten, nicht mehr für den politischen Willen der meisten Menschen in Nordirland stand.

Als die *Assembly* am 14. 5. 1974 nichtsdestoweniger erneut einen Beschluss fasste, der ihre Zustimmung zum Prozess der Machtteilung deutlich machte, gaben am gleichen Tag Repräsentanten des *Ulster Workers' Council* (UWC, Gewerkschaftsorgan vor allem der protestantischen Arbeiter der Großindustrie in

Belfast und der Kraftwerke) den Beginn eines Proteststreiks gegen Sunningdale bekannt. Nachdem der Streik zunächst nicht recht in Gang kam, rief der UWC die UDA zur Hilfe, die – teilweise mit offener Gewaltandrohung – dafür sorgte, dass in der Provinz Geschäfte und Unternehmen schlossen. Daraufhin nahm der Streik totale Ausmaße an. Für 15 Tage machte die selbst ernannte Junta des UWC in Verbindung mit loyalistischen Paramilitärs Nordirland unregierbar. Die meiste Zeit über hatte ein Großteil der Region keinen Strom, Gas, Leitungswasser, frische Nahrungsmittel, das Transportwesen kam zum Erliegen. Und die Bereitschaft der protestantischen Bevölkerung, bei der Streikleitung etwa um Reiseerlaubnis und Benzingutscheine nachzusuchen, zeigte, in welch hohem Maß der UWC seinen Anspruch, die provisorische Regierung von Nordirland zu sein, tatsächlich verwirklichen konnte. Die Auswirkungen des Streiks waren derart massiv, dass Faulkner keine andere Möglichkeit sah, als mit dem UWC zu verhandeln. Die SDLP lehnte das ab; sie wollte stattdessen, dass die Armee eingriff und Kraftwerke besetzte und damit die Stromversorgung sicherte. Daraufhin trat Faulkner zurück, und die Regierung brach auseinander. Sunningdale, der Versuch, Nordirland die Selbstverwaltung zurückzugeben und die Provinz damit zu befrieden, war gescheitert. Wichtigste Erkenntnis des Misslingens war, dass die Loyalisten die Macht hatten, jedes politische Arrangement, das die britische Regierung für Nordirland versuchen würde und das ihnen nicht passte, zu verhindern.

Seit 1973 hatte die PIRA den Kampf mit Macht nach England getragen; die Brutalität der Attacken und insbesondere die große Zahl ziviler Opfer bei Anschlägen auf Pubs in Guildford und Birmingham (5. 10. bzw. 21. 11. 1974) verstörten die britische Öffentlichkeit. Auch die britische Justiz verlor angesichts des maßlosen Terrors ihre rechtsstaatlichen Prinzipien aus den Augen; namentlich der Prozess gegen die «*Birmingham Six*», denen der Anschlag vom November 1974 mit 21 Toten und hunderten Verletzten zur Last gelegt wurde, entwickelte sich zum Tiefpunkt der Rechtsgeschichte Großbritanniens: Sechs irische Verdächtige wurden (unter dem gerade eingeführten *Prevention of Terrorism Act*) zu lebenslangen Gefängnisstrafen verurteilt, obwohl es keine eindeutigen Beweise für ihre Schuld gab und Geständnisse erkennbar erpresst worden waren. Erst 1991 wurden die Urteile aufgehoben und die Inhaftierten freigelassen.

Ungeachtet dieser für eine Demokratie höchst problematischen Vorgänge: Die repressiven Maßnahmen, auf die London nach dem Scheitern des politischen Lösungsversuchs wieder verstärkt zurückgriff, die Einschränkung ihres Rückzugsraumes durch das Vorgehen der Republik, schließlich der dramatische Verlust an Zustimmung in der katholischen Gemeinde nach den Morden in Birmingham schwächten die PIRA erheblich, sodass sie Ende 1974 in einen Waffenstillstand einwilligte. Diese Waffenruhe, die bis in den Herbst 1975 hielt, betraf allerdings nur Angriffe auf Sicherheitsorgane. Unblutiger wurde der Bürgerkrieg nicht, im Gegenteil: Die Zahl der Morde an Zivilisten nahm deutlich zu, was wiederum Racheaktionen der loyalistischen Paramilitärs nach sich zog. Während der Waffenruhe starb folglich nur ein Soldat, aber an die 200 Zivilisten. Zum hohen Blutzoll des Jahres 1975 trug auch die inner-republikanische Auseinandersetzung bei, als sich die *Irish National Liberation Army* (INLA) von der OIRA abspaltete und in einen mörderischen Kampf mit der OIRA und später auch der PIRA geriet. Als die britische Regierung Anfang 1976 zugleich mit der Beendigung der Internierung den besonderen Status der republikanischen Gefangenen aufhob, kündigte die PIRA auch offiziell den ohnehin brüchigen Waffenstillstand und brach ihre Kontakte zum Nordirlandministerium in London ab.

Die Abschaffung des Sonderstatus war Bestandteil einer neuen Strategie der Terrorbekämpfung, die in der Regel unter den Schlagworten «Ulsterisierung, Normalisierung, Kriminalisierung» zusammengefasst wird (auch wenn die britische Regierung diese Begriffe nie verwendete[10]). Ulsterisierung meinte dabei die Rückverlagerung der Hauptlast der Anti-Terror-Maßnahmen von der Armee auf die nordirischen Sicherheitsorgane. Großbritannien sollte in den Augen der Nordiren nicht mehr als Bürgerkriegspartei dastehen und somit größere Handlungsfreiheit als «Schiedsrichter» gewinnen. Zu diesem Zweck wurde die reguläre

Polizei massiv verstärkt; Spezialkräfte der Armee sollten sich darauf beschränken, mit verdeckten Operationen die Paramilitärs zielgenau zu treffen. Normalisierung bedeutete, durch Repression auf der einen und politisches Entgegenkommen gegenüber der katholischen Minderheit auf der anderen Seite den permanenten Ausnahmezustand auf den Straßen Ulsters zu beenden und somit ein Klima zu schaffen, in dem die Gemäßigten beider Seiten wieder eine Chance haben würden, Gehör zu finden.

Wie sehr das notwendig war, zeigte die Episode der *Peace People*. Gegründet wurde diese Gruppe in Belfast am 11.8.1976 durch Mairead Corrigan und Betty Williams. Anlass war, dass tags zuvor das Fluchtauto eines Attentäters die Familie von Corrigans Schwester erfasst, diese schwer verletzt und drei Kinder getötet hatte. Es gab auch vorher schon Gruppen, die sich um Versöhnung bemüht hatten, keine fand jedoch so großen Zulauf, Zehntausende versammelten sich auf ihren Friedenskundgebungen. Beide Frauen wurden später mit dem Friedensnobelpreis ausgezeichnet. Die Demonstrationen der *Peace People* aber wurden regelmäßig sowohl von Loyalisten als auch von Republikanern mit großem Hass angegriffen; Gewalt war eben ein «*way of life*» in vielen Gegenden von Nordirland geworden, eine eigene Form der Normalität, aus der die Paramilitärs ihre Macht schöpften. Kriminalisierung schließlich hieß, den Paramilitärs den Nimbus von Freiheitskämpfern für eine gerechte Sache zu nehmen, sie als gewöhnliche Gewalttäter vorzuführen und damit ihre Unterstützung in der Bevölkerung auszutrocknen.

Die Last der «Ulsterisierung» trugen vor allem die Angehörigen der nordirischen Sicherheitsorgane: Von Januar bis August 1976 wurden 13 getötet, 111 verletzt, es gab 230 Angriffe auf sie. Aber es zeigten sich eben auch Erfolge der neuen Strategie: 81 Bomben konnten rechtzeitig entschärft, fast eine halbe Tonne Explosivstoffe beschlagnahmt, 264 Verdächtige für ernsthafte terroristische Verbrechen verhaftet werden. Ende 1976 und Anfang 1977 sank die Zahl der Gewalttaten deutlich. Das lag auch am entschiedenen Vorgehen gegen die loyalistischen Gruppen. Ende 1977 erklärte Nordirlandminister Mason zuversichtlich, das abgelaufene Jahr sei das am wenigsten gewalttätige seit 1971 gewesen; die Strömung habe sich gegen die Terroristen gewendet, die man aus ihren sicheren Häfen und von ihrer Geldversorgung herausdrücke wie Zahnpasta aus einer Tube. Die Botschaft für 1978 sei wirklich eine hoffnungsvolle.

4. Die 80er Jahre: Hungerstreik, Hillsborough und «Langer Krieg»

Das schärfere Vorgehen der Sicherheitsorgane schwächte die paramilitärischen Gruppen erheblich, auch die IRA.[11] Um dem entgegen zu wirken, veränderte sich ihre Strategie, und zwar im bewaffneten Kampf wie in der Bedeutung, die man dem politischen Arm der republikanischen Bewegung zumaß. Zuerst wurde die überkommene Organisationsform umgeworfen: Eine neue Führung um Gerry Adams, Martin McGuinness und Ivor Bell entmachtete die «alte Garde» und schmälerte damit auch den Einfluss des Dubliner Hauptquartiers. Im Herbst 1976 schufen sie das *Northern Command* zur Leitung des militärischen Kampfes in Nordirland, das zwar weiterhin dem Buchstaben nach dem Armeerat in Dublin unterstand, faktisch aber unabhängig agierte. Chef des *Northern Command* wurde McGuinness. Anfang 1977 verfasste die Führung des *Northern Command* einen Report, in dem die Defizite der Organisation offengelegt wurden, etwa die schlechte Ausbildung der Kämpfer, die häufig nicht in der Lage seien, den Verhören zu widerstehen, und eine ineffiziente Organisation der Kampfeinheiten. Als Konsequenz aus diesen Erkenntnissen gab sich die IRA eine andere Struktur: Insbesondere ging man ab von den lokalen Brigaden und Kompanien, die für Sicherheitskräfte viel zu leicht zu durchschauen und zu unterwandern waren. Stattdessen wurde ein streng konspiratives und abgeschirmtes Zellensystem (mit vier Mann starken Zellen) entwickelt.

Parallel arbeitete Gerry Adams, der zu diesem Zeitpunkt im Gefängnis saß, eine neue Strategie aus, die er «Langer Krieg» nannte (veröffentlicht in mehreren Artikeln in der republikanischen Zeitung ‹Republican News/An Phoblacht›, unter dem Pseudonym «Brownie»). Adams ging davon aus, dass ein Krieg, wie ihn die IRA führte, nicht zu gewinnen sei, sondern den Gegner – d. h. die britische Besatzungsmacht in Nordirland – nur über einen langen Zeitraum zermürben könne. Ziel konnte also nicht der Sieg sein, sondern nicht besiegt zu werden, um damit eine Lösung des Nordirlandkonflikts ohne Einbeziehung der Republikaner auszuschließen. Weil ein Guerillakrieg nur mit Unterstützung der Bevölkerung geführt werden könne, sollte *Sinn Féin*, der politische Arm der Bewegung, der bisher vollständig dem militärischen Arm untergeordnet war, eine deutlich stärkere Rolle spielen und sich schließlich zu einer republikanischen Massenorganisation entwickeln. Zugleich bewegte sich *Sinn Féin* außerdem politisch deutlich nach links. Während der Katholizismus für die – jetzt zur Seite gestoßene – erste Führungsgeneration der Provos noch selbstverständliches Identitätsmerkmal gewesen war, stritten die Republikaner laut Adams nun für ein «freies, vereintes, sozialistisches und gälisches Irland».[12]

Wie kampfkräftig die IRA in ihrer neuen Organisationsstruktur geworden war, zeigte sie 1979 der neu gewählten, konservativen Regierung Thatcher in London, die sich einem besonders unnachgiebigen Kurs gegen den Terror in Nordirland verschrieben hatte: Am 22. 3. ermordete sie den britischen Botschafter in Holland in Den Haag und zündete am gleichen Tag 24 Bomben in Nordirland. Den Höhepunkt erreichte die IRA-Kampagne am 27. 8., als Earl Mountbatten, Mitglied der königlichen Familie, einem Bombenattentat zum Opfer fiel und 20 britische Soldaten bei einem Angriff in Warrenpoint (Süd-Armagh) getötet wurden. Die Armee forderte nach Warrenpoint von Thatcher die Erlaubnis, Terroristen über die Grenze nach Süden verfolgen zu dürfen, die Wiedereinführung der Internierung und die vollständige Kontrolle über die Sicherheitspolitik in Nordirland. Thatcher blieb aber bei der «Ulsterisierung», d. h. weitere Truppen wurden abgezogen und die regionale Polizei verstärkt.

1976 hatte die britische Regierung die Internierung beendet. Gleichzeitig hob sie den besonderen Status der republikanischen

Gefangenen auf; alle, die nach dem 1.3.1976 einer Straftat für schuldig befunden wurden, behandelte man gemäß der Kriminalisierungs-Politik als gewöhnliche Verbrecher. Am 12.3.1976 wurde der erste IRA-Mann nach den neuen Maßgaben verurteilt. Als er ins Gefängnis einrückte, weigerte er sich, Sträflingskluft zu tragen; weil er seine Zivilkleidung abgeben musste, blieb er nackt und umhüllte sich nur mit einer Decke. Dieser Form des Protestes schlossen sich weitere Häftlinge an («*Blanket Men*»). Da Nordirlandminister Mason der Forderung, als politische Häftlinge anerkannt zu werden, trotzdem nicht nachgab, begann 1978 der «schmutzige Protest»: In der Folge einer Auseinandersetzung mit Wärtern über die Leerung von Nachttöpfen beschmierten die Häftlinge ihre Zellenwände mit ihren Exkrementen und wuschen sich nicht mehr. Ende 1980 waren von 1365 Häftlingen im nordirischen Hauptgefängnis 837 Republikaner, von denen 341 am «schmutzigen Protest» teilnahmen, die zum Teil mehr als zwei Jahre unter unvorstellbaren Umständen hausten. Schauplatz der Auseinandersetzung war die Strafanstalt Maze, errichtet an der Stelle des Gefangenencamps von Long Kesh, südlich von Belfast. Das Maze ist ein Gebäudekomplex, der acht so genannte H-Blocks umfasst (nach ihrem H-förmigen Grundriss), für insgesamt 1600 Häftlinge.

Im März 1980 verschärfte Großbritannien die Kriminalisierungs-Politik noch einmal: Auch diejenigen Häftlinge, die vor dem 1.3. 1976 verurteilt worden waren, verloren den Sonderstatus. Am 27.10. 1980 verweigerten daraufhin sieben Maze-Insassen die Nahrungsaufnahme. Aufgrund von vagen Zusagen der britischen Regierung und weil einer der Hungerstreikenden dem Tod nahe war, gaben sie am 18.12. den Streik auf, was die Provos als schwere Niederlage ansahen. Anfang 1981 weigerte sich die Gefängnisleitung von Maze, den Gefangenen, die ihren «schmutzigen Protest» abgebrochen hatten, Zivilkleidung auszuhändigen. Daraufhin bereiteten sie den zweiten Hungerstreik vor, der am 1.3. 1981 begann, dem fünften Jahrestag des Endes des Sonderstatus. Diesmal stellten die Hungernden fünf konkrete Forderungen: Das Recht, 1. Zivilkleidung zu tragen; 2. keinerlei Gefängnisarbeit leisten zu müssen; 3. sich jederzeit innerhalb des Zellenblocks mit anderen Häftlingen zu treffen; 4. eigene Freizeit- oder Schulungsprogramme zu organisieren; 5. die Gewährung des Strafnachlasses, der den Häftlingen aufgrund von «guter Führung» zugestanden worden wäre, wenn sie sich gemäß den Anstaltsregeln verhalten und nicht am «schmutzigen Protest» teilgenommen hätten. Der Hauptgrund für das Abgehen von der Forderung nach «politischem Status» war, dass die Republikaner meinten, dieser sei der Regierung Thatcher nie abzutrotzen, während sie möglicherweise fünf konkreten Verbesserungen der Situation der Häftlinge zustimmen könne. Zunächst verweigerte nur Bobby Sands, kommandierender Offizier der Provos im Maze, die Nahrungsaufnahme, danach immer mit dem Abstand von mindestens sechs Tagen ein weiterer Häftling. Dahinter stand das grausame Kalkül, dass über einen längeren Zeitraum London immer wieder mit dem öffentlichen Druck konfrontiert würde, wenn wieder einer der Hungernden in eine lebensbedrohliche Situation geriet.

Und der öffentliche Druck wuchs rasch an, namentlich als *Sinn Féin* der PR-Coup gelang, Bobby Sands als Kandidaten für einen Sitz im Unterhaus bei einer Nachwahl aufzustellen. Die Nachwahl im Bezirk Fermanagh-South Tyrone war aufgrund des Todes des bisherigen Abgeordneten notwendig geworden; von *Sinn Féin* kam der Vorschlag, Sands solle dort antreten. Der chancenreiche Bewerber der SDLP zog seine Kandidatur kurz vor der Wahl aufgrund des Drucks der Provos und eines Unterstützungskomitees, in dem *Sinn Féin* und linke Bürgerrechtler vertreten waren, zurück. Sands (am 40. Tag seines Hungerstreiks) erhielt 1446 mehr Stimmen als der Kandidat der UUP, ihr Vorsitzender Harry West, und gewann damit den Wahlkreis für sich. Diese Entscheidung lenkte große internationale Aufmerksamkeit auf den Hungerstreik. Der Premierminister der Republik Irland, Charles Haughey, rief die europäische Kommission für Menschenrechte um Hilfe an. Der Papst schickte auf Bitten des Erzbischofs von Armagh einen Abgesandten, der vermitteln sollte. Alle Vermittlungsversuche scheiterten indessen an der Unnachgiebigkeit der britischen Regierung und der Häftlinge im Maze, die fest entschlossen waren, sich zu Tode zu hungern. Nach Sands Vorbild kandidierten weitere neun Gefangene auch bei irischen Parlamentswahlen; zwei gewannen ihre Sitze.

Sands starb am 5. 5. 1981, dem 66. Tag seines Streiks. Sein Tod wirkte wie ein Fanal und rief heftige, zum Teil gewalttätige internationale Reaktionen hervor (in Gent in Belgien z. B. stürmten Studenten das britische Konsulat; in Le Mans in Frankreich benannte der Stadtrat eine Straße nach Sands, Tausende demonstrierten in Paris gegen die Regierung in London; Bombenattentate wurden auf britisches Eigentum in Mailand, Lissabon und Toulouse verübt). In Sands Heimatstadt Milltown versammelten sich mehr als 100 000 Katholiken zu seiner Begräbnisprozession. Noch neun weitere der Hungerstreikenden starben in der Folgezeit, und nach jedem Tod äußerte sich der Protest der katholischen Bevölkerung in Nordirland in massiven Ausschreitungen.

Im September 1981 wurde James Prior Nordirlandminister. Während sein Vorgänger sich geweigert hatte, mit den Hungerstreikenden zu sprechen, trat Prior sogleich in Verhandlungen ein und deutete Konzessionen an. Am 3. 10. erklärte die IRA den Hungerstreik für beendet, weil sich eine Niederlage abzeichnete: Zuvor hatten nämlich katholische Priester die Familien der Angehörigen davon überzeugt, einer Zwangsernährung zuzustimmen. In dem 217 Tage dauernden Protest waren zehn Häftlinge verhungert; in ihrer Begleitkampagne hatte die IRA 61 Morde verübt, darunter 30 an Angehörigen der Sicherheitsorgane. Drei Tage nach dem Ende des Streiks teilte Prior mit, dass die Gefangenen im Maze jetzt eigene Kleidung tragen dürften, die Hälfte des Strafnachlasses wegen guter Führung wurde angerechnet, die Bedingungen für Postempfang und Besuch verbessert. Außerdem mussten politische Häftlinge keine Gefängnisarbeit mehr leisten.

Die IRA erhielt in der Folge des Hungerstreiks massiven Zulauf und konnte ihre Isolierung gegenüber der katholischen Bevölkerung Nordirlands durchbrechen, in die sie aufgrund der vielen zivilen Opfer ihrer Anschläge geraten war. Adams, seit 1978 Vizepräsident von *Sinn Féin*, wollte diese Welle der Sympathie nutzen, gemäß seiner Strategie, mit politischen Aktivitäten den militärischen Kampf zu ergänzen. Das neu erworbene Wohlwollen sollte auch bei Wahlen ausgebeutet werden, um damit dem entscheidenden politischen Etappenziel – dem Aufbau einer republikanischen Massenbewegung – näher zu kommen. Bei der jährlichen Parteikonferenz in Dublin am 1.11.1981 fasste der für PR zuständige Direktor Danny Morrison das Vorgehen in die rhetorische Frage: Wer bezweifle, dass mit dem Stimmzettel in der einen und dem Armalite (automatisches Gewehr) in der anderen Hand die Republikaner die Macht in Irland übernehmen würden? Gemäß dieser Strategie des «*Bullets and Ballots*» stellte *Sinn Féin* fortan bei allen Wahlen Kandidaten auf, die zwar ihre Sitze im *Dáil* oder Unterhaus weiterhin nicht einnehmen sollten, wohl aber – als ersten Schritt der Abwendung vom Dogma des «*Abstentionism*» – in kommunalen Vertretungen.

Die britische Regierung sah nach dem Aufwallen der Empörung durch den Hungerstreik vor allem die Notwendigkeit, auf die SDLP zuzugehen, wollte man verhindern, dass die radikale *Sinn Féin* zur stärksten Vertretung der Katholiken würde. Dieses Ziel im Auge, präsentierte Nordirlandminister Prior im Februar 1982 den Plan der «*rolling devolution*». Das bedeutete: Eine neues Regionalparlament sollte gewählt werden, diesmal aber nur mit beratender Funktion, Kompetenzen würde London in einzelnen Schritten allein dann transferieren, wenn vorher über-konfessionelle Unterstützung für die Übergangsregierung erreicht werden konnte. Die nordirischen Parteien zeigten sich aber mehrheitlich ablehnend: Die UUP wollte entweder die vollständige Integration Nordirlands ins Vereinigte Königreich oder die Rückkehr zum System von Stormont; die DUP die Übergabe der Macht (= *Devolution*), aber ohne sie mit den Nationalisten zu teilen; die SDLP, enttäuscht von der fehlenden Einbeziehung einer gesamtirischen Dimension, nannte die Vorschläge undurchführbar; der irische Premier Haughey wies ganz in diesem Sinne die «interne Lösung» zurück und forderte den Abzug der Briten. Trotz der nahezu einmütigen Zurückweisung – allein die APNI unterstützte den Plan komplett – fanden im Oktober 1982 Wahlen zur nordirischen Versammlung statt. Im katholischen Lager gewannen die SDLP 14 und *Sinn Féin* fünf Mandate (von 78 insgesamt); beide Parteien nahmen allerdings an den Sitzungen nicht teil. Die APNI erzielte gute zehn, die DUP 21 und die UUP 26 Sitze, dazu kamen noch zwei unabhängige Unionisten. Wegen des Boykotts der katholischen Repräsentanten war die Regionalversammlung von vornherein bedeutungslos, folglich wurde sie am Ende der Legislaturperiode von der britischen Regierung auch wieder aufgelöst.

Anfang 1983 wurde Garret FitzGerald irischer Premierminister. FitzGerald war gleichermaßen an einer Wiederannäherung zur britischen Regierung – denn die Beziehungen hatten sich seit dem Hungerstreik stark abgekühlt – wie auch an einer neuerlichen Initiative in der Nordirlandfrage gelegen. Der *Taoiseach* begann damit, einen lang gehegten Plan John Humes (mittlerweile Vorsitzender der SDLP) umzusetzen, die Einberufung eines Allparteien-Forums (Parteien aus dem Süden und dem Norden), in dessen Rahmen die irische Zukunft diskutiert werden sollte. Das *New Ireland Forum* kam erstmals am 30. 5. 1983 zusammen, die Unionisten blieben allerdings fern. Der irische Premier hatte darauf bestanden, dass nur Parteien, die Gewalt ablehnten, eingeladen würden, weswegen auch *Sinn Féin* nicht teilnehmen konnte. In seiner Eröffnungsansprache sagte FitzGerald an die Adresse der Republikaner gerichtet, dass sich die Zukunft Irlands ausschließlich an der Wahlurne entscheiden werde. Im Mai 1984 publizierte das Forum einen Report, der drei mögliche Lösungen des Nordirlandproblems aufführte: 1. Ein einheitlicher irischer Staat, erreicht durch Zustimmung und Konsens in beiden Teilen der Insel; 2. eine föderale Struktur; 3. eine Lösung, in der die Regierungen in London und Dublin gleichermaßen Verantwortung für Nordirland tragen sollten. FitzGerald favorisierte den dritten Weg, für den er auch die britische Regierung zu gewinnen suchte. Im November 1983 traf er Premierministerin Thatcher, die manche seiner Argumente anerkannte; die drei Lösungswege allerdings lehnte sie, zur großen Enttäuschung FitzGeralds, ab. Die unionistischen Parteien wiesen den Report in Bausch und

Bogen zurück, denn die anvisierte Schaffung gemeinsamer Kompetenzen ebne den Weg in die irische Einheit.

In der Nacht zum 12. 10. 1984 explodierte eine Bombe der IRA im Grand Hotel im englischen Brighton, wo die Konservativen ihre jährliche Parteikonferenz abhielten. Fünf Menschen starben; die IRA übernahm die Verantwortung und bedauerte bloß, ihr Hauptziel, die Tötung Thatchers, nicht erreicht zu haben. Im Bekennerschreiben hieß es, diesmal habe man Pech gehabt, aber die Premierministerin solle nicht vergessen, dass sie immer Glück haben müsse, die IRA hingegen nur einmal. Ungeachtet des Mordanschlags traf sich Thatcher nur eine Woche später abermals mit FitzGerald. Thatcher wollte die Zusammenarbeit mit der Republik bezüglich Nordirlands weiter vorantreiben, auch wenn sie die Empfehlungen des Forums ablehnte. Denn sie wurde zunehmend ungeduldig mit der rigiden Haltung der Unionisten. Deren Weigerung, jegliche Form der Machtteilung mit den Nationalisten zu akzeptieren, führte letztlich nur zur Stärkung der radikalen Republikaner. Entgegen der Erwartung der unionistischen Politiker, die sich ihrer Position ganz sicher wähnten, bewegten sich Thatcher und FitzGerald zielstrebig auf eine gemeinsame Lösung zu: Am 15. 11. 1985 unterzeichneten sie in Hillsborough Castle das *Anglo-Irish-Agreement*. Die Vereinbarung bestand aus zwölf Klauseln, deren bedeutendste die Einsetzung einer ständigen Konferenz beider Regierungen war, geleitet vom britischen Nordirlandminister und dem irischen Außenminister, die die grenzüberschreitende Zusammenarbeit fördern und über Fragen der Sicherheit, des Rechts und der Politik beraten sollte. Artikel 4 des Vertrags besagte ferner, dass beide Regierungen die Übergabe der politischen Verantwortung an nordirische Stellen befürworteten, «auf der Basis weitgehender Unterstützung durch die Bevölkerung von Nordirland» – das hieß, nur wenn es vorher ein Abkommen über die Machtteilung gab. Die historische Bedeutung des *Anglo-Irish-Agreement* liegt weniger in dieser Präsentation eines Fahrplans zur nordirischen Selbstverwaltung begründet, die dem von Sunningdale entsprach, als darin, dass zum ersten Mal seit der Teilung eine britische Regierung das Mitspracherecht der Republik bei der Administration Nordirlands anerkannte. Die Republik hingegen hatte zu akzeptieren, dass die Vereinigung, wenn überhaupt, eine langfristige Entwicklung sein würde, für die man die Zustimmung der Mehrheit im Norden gewinnen müsse. Trotzdem ließ sich die Vereinbarung aus nationalistischer Sicht durchaus als so etwas wie ein Eingeständnis der Briten verstehen, dass die Teilung kein Erfolg gewesen sei. Aus britischer Sicht wurde die Republik «mit ins Boot geholt», um in den Augen der Republikaner (und der Weltöffentlichkeit) die gemeinsame Verantwortung für die Sicherheit und Sicherheitspolitik zu betonen.

Die Presse in Großbritannien feierte das Abkommen größtenteils als Erfolg. *Sinn Féin* hingegen nannte es ein «Desaster». Ebenso ablehnend äußerten sich die unionistischen Vertreter; der ‹Belfast News-Letter› sprach für die große Mehrheit der Protestanten, als er schrieb: In Hillsborough hätten sich die Geister Cromwells und Lundys gemeinsam auf einen Weg verständigt, der Konflikt und Blutvergießen ohnegleichen produzieren müsse. Die Unionisten waren entsetzt, dass ausgerechnet die konservative Regierung Thatcher ein derartiges Vorhaben vorantrieb und dabei Dublin in einer Region, die sie als eindeutig britisch empfanden, ein Mitspracherecht einräumen wollte. Außerdem erregte ihren Zorn, dass man sie vollkommen überrascht und nicht konsultiert hatte, anders als die SDLP. Am 23.11.1985 versammelten sich annähernd eine Viertelmillion Protestanten vor der City Hall in Belfast; der Händedruck, den die beiden Parteiführer, Ian Paisley für die DUP und James Molyneaux für die UUP, dort austauschten, symbolisierte die Einigkeit des unionistischen Protests gegen Hillsborough unter dem Leitspruch: «*Ulster Says No*». Trotz der demonstrierten Einheit: Widerstand zu leisten war diesmal schwieriger, die Regierung in London hatte in ihrem Krisenmanagement für Nordirland dazugelernt. Es gab keine regionale Versammlung, die die unionistische Mehrheit hätte sabotieren können, der Regierungskonferenz konnte sie durch ihre Ablehnung der Kooperation nichts anhaben. Den Unionisten blieb als Möglichkeit nur die einseitige Erklärung der Unabhängigkeit, die in London und Dublin keine Anerkennung gefunden hätte und für deren Verteidigung die militärischen Mittel in Nordirland nicht vorhanden waren. Ein Generalstreik wie 1974 versprach unter den schwierigen wirtschaftlichen Bedingungen der 8oer Jahre einen Misserfolg: Die immense Arbeitslosigkeit hätte zu viele davon abgehalten, sich zu beteiligen.

Ungeachtet der geringen Erfolgsaussichten leisteten die Unionisten Widerstand gegen Hillsborough: Im Dezember 1985 und Januar 1986 gab es mehrere harte Zusammenstöße loyalistischer Demonstranten mit der Polizei. Dabei standen die protestantischen Führer allerdings vor dem Dilemma, wie weit sie gewalttätiges Vorgehen gegen die überwiegend protestantische Polizei gutheißen konnten. Die Macht der konstitutionellen Auflehnung sollte im Januar 1986 demonstriert werden, als in 15 nordirischen Wahlkreisen Nachwahlen abgehalten wurden. Die unionistischen Abgeordneten in Westminster dort waren aus Protest zurückgetreten, um eine solche größere Nachwahl zu ermöglichen. Das Ergebnis wurde aber nicht zum erhofften überwältigenden Referendum gegen das Abkommen: Die Unionisten verloren einen Sitz an die SDLP, die Zahl der unionistischen Stimmen insgesamt verfehlte das anvisierte Ziel von 500 000 um über 40 000. Andererseits sank, wie von London und Dublin gewünscht, *Sinn Féins* Stimmenanteil im katholischen Lager von rund 42 auf 35 %. Weil sich protestantische Wirtschaftsvertreter zunehmend besorgt zeigten, dass Gewalt und Unordnung ihren Geschäftsinteressen schadeten, distanzierte sich vor allem die UUP (aber auch die Führung der DUP) von allen Gesetzesbrüchen in der Kampagne gegen Hillsborough; sie fürchtete, die Unterstützung der Mittelschichten zu verlieren. Trotzdem kam es immer wieder in diesem Frühjahr 1986 zu gewalttätigen Ausbrüchen. Zunehmend wurde dabei die RUC zum Ziel loyalistischer Attacken. Zunächst wurden sie nur beschimpft und mit Münzen beworfen (als Symbol für den Judaslohn), seit dem so genannten «Aktionstag» (3.3.) gab es aber auch Benzinbombenattentate auf die Häuser von Polizisten.

Auf der anderen Seite des politischen Spektrums brachte das Abkommen *Sinn Féin* in erhebliche Schwierigkeiten – was ja auch der Sinn war. Daraufhin passten die Republikaner ihre Politik den geänderten Verhältnissen an: Am 1.11. 1986 stimmte die große Mehrheit der Delegierten auf *Sinn Féins* Parteikonferenz dafür, dass ihre Kandidaten in Zukunft ihre Parlamentssitze in der Republik einnehmen sollten. Traditionalisten verließen die Partei, die jetzt vollständig von ihrem Präsidenten Adams und dem Leiter der Öffentlichkeitsarbeit Morrison kontrolliert wurde. Vorerst blieb die neue Strategie allerdings ohne Erfolg: Bei den Wahlen in der Republik vom 19. 2. 1987 konnte *Sinn Féin* nicht einen Sitz erringen, sie erreichte nur 1,85 % der Stimmen. Eine weitere Niederlage brachten die britischen Unterhauswahlen vom 11.6. 1987: *Sinn Féin* gewann nur einen Sitz in Nordirland, der Stimmenanteil ging von zuletzt 13,4 % (1983) auf 11,4 % zurück. Die SDLP gewann drei Sitze, war also auf dem Weg, ihre Stellung als wichtigste Stimme der Katholiken im Norden zurückzuerobern.

Es war vor allem die anhaltende mörderische Gewalt der IRA auch gegen die eigenen Leute, die die Katholiken Nordirlands in großer Mehrzahl SDLP wählen ließ. Die Provos hatten ihre Anschläge seit 1985 auch auf diejenigen ausgeweitet, die Kontakte zu den Sicherheitsorganen unterhielten, etwa Unternehmen, die Polizeigebäude bauten oder reinigten, Lieferanten für die Polizei usw. Das entfremdete die nationalistische Gemeinde weiter von den Republikanern, hingen doch viele Arbeitsplätze von Katholiken von Dienstleistungen für die Sicherheitskräfte ab. Auf ein Allzeit-Tief sank die Unterstützung für die IRA in der katholischen Bevölkerung nach dem Massaker von Enniskillen, als am 8. 11. 1987 eine Bombenattacke auf eine Gedenkfeier zu Ehren der Opfer des Zweiten Weltkriegs elf Tote und Dutzende Verwundete forderte. Das Attentat schockierte die öffentliche Meinung auf der ganzen Welt, auch und vor allem in der Republik.

Trotz Enniskillen führte die IRA Ende der 80er Jahre den bewaffneten Kampf mit unverminderter Härte weiter. Und ungeachtet einiger Erfolge des Anti-Terror-Kampfes waren die Provos zu dieser Zeit so gut gerüstet wie nie. Das zeigte sich deutlich, als im Oktober 1987 die französische Küstenwache einen Frachter aufbrachte, der 150 Tonnen Kriegsgerät für Irland geladen hatte, geliefert vom libyschen Staatschef Ghaddafi. Darunter befanden sich 20 Boden-Luft-Raketen, raketengetriebene Granaten, 1000 Kalaschnikows, Mörser und zwei Tonnen des Plastiksprengstoffs Semtex. Nach Erkenntnissen der französischen Polizei hatten zuvor vier vergleichbar umfangreiche Waffenlieferungen aus Libyen ihr Ziel erreicht.[13] Damit war klar, dass der militärische Sieg über die IRA in weiter Ferne lag.

IV. Friedensprozess

1. Die Entwicklung bis zum Karfreitags-Abkommen von 1998

Es gibt kein generell akzeptiertes Datum, das den Beginn des Friedensprozesses markieren würde. Als eine Art Prolog kann aber eine Reihe von Gesprächen gelten, die John Hume, Vorsitzender der SDLP, mit Gerry Adams, dem Präsidenten von *Sinn Féin*, zwischen Januar und August 1988 führte. Adams Bereitschaft zu diesem Dialog mit dem wichtigsten Konkurrenten im nationalistischen Lager beruhte zweifellos auf dem verheerenden Echo auf den Anschlag von Enniskillen. Zwar gab es kein direktes Ergebnis – etwa, dass man sich auf gemeinsame Grundlagen einer Annäherung einigte, geschweige denn, dass sich die Republikaner vom bewaffneten Kampf abwandten –, dennoch hatten die Gespräche für den späteren Friedensprozess in zweierlei Hinsicht eine hohe Bedeutung: Zum einen stellten sie ein Vertrauensverhältnis zwischen dem nationalistischen und dem republikanischen Führer her. Zum zweiten durchbrach Hume die Isolierung von *Sinn Féin*, was wiederum den politischen Flügel der republikanischen Bewegung stärkte. Die Notwendigkeit terroristischer Aktionen stellten die Republikaner indessen noch nicht in Frage, im Gegenteil: Sie wurden eher noch forciert. Das spektakulärste Attentat Anfang der 90er Jahre war eine (allerdings erfolglose) Mörserattacke auf den Amtssitz des britischen Premierministers, Downing Street No. 10, während des ersten Golfkrieges im Februar 1991. Zugleich durchlief aber auch eine neue Welle der Gewalt Nordirland, wo sich IRA und loyalistische Paramilitärs erbitterte Gefechte lieferten. Der erste Einsatz einer so genannten «menschlichen Bombe» deutete obendrein darauf hin, dass es einen Flügel innerhalb der republikanischen Bewegung gab, dem im Gegensatz zum politisch instinktsicheren Adams jede Rücksicht auf negative öffentliche Reaktionen fern lag: Im Oktober 1990 kidnappten die

Provos in Londonderry einen Mann, der angeblich für die Sicherheitsorgane arbeitete, und seine Familie. Man fesselte ihn an ein Auto, das er in einen Checkpoint der Armee fahren musste, weil sonst seine Familie ermordet würde. Die Bombe im Auto tötete ihn und sechs Soldaten. Zwei weitere derartige Versuche schlugen fehl.

Im November 1990 stürzte Premierministerin Margaret Thatcher über ihre Steuerpolitik. Ihr Amtsnachfolger John Major ließ dem von seiner Vorgängerin übernommenen Nordirlandminister Brooke weitgehend freie Hand. Brooke setzte sich vehement für eine politische Lösung ein. Insbesondere war ihm an einer Ermutigung derjenigen Elemente des Republikanismus gelegen, die eine gewaltlose Strategie erwogen. Erste Konsequenzen des neuen Kurses zeigten sich sogleich, als Brooke am 3. 11. eine wegweisende Rede hielt, deren Text er der IRA bereits vorab übermittelt hatte:[1] Brooke sagte, die britische Regierung habe kein eigenes strategisches oder ökonomisches Interesse in Nordirland – insbesondere hinsichtlich des ökonomischen Interesses sprach er eine offensichtliche Wahrheit aus, lagen doch die jährlichen Subventionen, die Großbritannien nach Nordirland überwies, bei über £3 Mrd.[2] Der Nordirlandminister führte weiter aus, London werde die Wiedervereinigung akzeptieren, wenn die nordirische Bevölkerung sie wünsche. Schon ein Jahr zuvor hatte Brooke öffentlich erklärt, dass ein militärischer Sieg über die IRA unmöglich sei; zudem könne man *Sinn Féin*, wenn die IRA Abstand von der Gewalt nähme, nicht von Verhandlungen ausschließen.

Im März 1991 gab Brooke bekannt, dass Unterredungen über die Zukunft von Nordirland bevorstünden, an denen die vier wichtigsten konstitutionellen Parteien beteiligt würden (UUP, DUP, SDLP, APNI). Dem waren seit 1988 immer wieder Diskussionen mit den einzelnen Parteien vorausgegangen, in denen die Modalitäten für Verhandlungen abgeklärt wurden (ironisch «*talks about talks*» benannt). Die Gespräche, später als *Brooke/Mayhew-Talks* bezeichnet, dauerten mit erheblichen Unterbrechungen von März 1991 bis November 1992. Brooke legte fest, dass die Beratungen drei Ebenen («*Strands*») umfassen sollten, und zwar die Beziehungen der konfessionellen Gruppen innerhalb von Nordirland, die Nordirlands mit der Republik und die zwischen der britischen und der irischen Regierung. Ein Abkommen sollte es nur geben, wenn auf allen Ebenen Einigung erreicht würde.

Brookes Initiative lief sich schnell fest, trotz eines Waffenstillstands, den die loyalistischen Paramilitärs zu Beginn der Gespräche ausgerufen hatten. Als die Beratungen Anfang Juli aufgrund der vorläufig nicht aufzulösenden Unstimmigkeiten zwischen den Parteien über das Prozedere zum ersten Mal unterbrochen wurden, hoben die Loyalisten auch den Waffenstillstand auf – die IRA hatte ohnehin keinen erklärt. Im Herbst 1991 starteten die Provos eine neue Bombenkampagne. Es kamen dabei die größten Bomben zum Einsatz, die die IRA je hergestellt hatte. Anfang Januar 1992 erklärte die IRA, sie habe die Mittel und den Willen, den Kampf nicht nur fortzuführen, sondern zu intensivieren, was sie sofort unter Beweis stellte: Am 17.1. sprengte sie einen Kleinbus einer Baufirma, die auch Aufträge von den Sicherheitskräften ausführte, in Teebane in der Grafschaft Tyrone in die Luft, acht Insassen starben. Solche Terrorakte führten unweigerlich zu einer Reaktion der loyalistischen Paramilitärs, die ihre Kampfkraft durch Waffenlieferungen aus Südafrika erheblich verstärkt hatten und denen unterdessen eine neue Generation von Hardliner-Führern erwachsen war. Auf Teebane z. B. folgte als Racheakt ein Anschlag der *Ulster Freedom Fighters* (UFF, ein Tarnname der UDA) auf ein Wettbüro in einem katholischen Viertel Belfasts mit fünf Toten.

Der unverminderten Brutalität ihrer Terroranschläge auch gegen Zivilisten zum Trotz: Zumindest in einem Teil der republikanischen Bewegung entwickelte sich seit Enniskillen und durch die vor allem von Adams geleistete Überzeugungsarbeit langsam die Bereitschaft, die eigenen ideologischen Positionen zu hinterfragen; Adams nannte das später einen «neuen Realismus». Im Februar 1992 veröffentlichte *Sinn Féin* das Grundsatzdokument ‹Towards a Lasting Peace in Ireland›: Darin erkannte die Partei die Notwendigkeit einer Lösung des Konflikts zwischen irischem

Nationalismus und Unionismus an; Unionisten hätten auch in einem vereinigten Irland demokratische Rechte, dürften aber kein Veto über die Vereinigung ausüben. Dass die IRA aber immer noch keineswegs gesonnen war, dem bewaffneten Kampf abzuschwören, zeigten die Anschläge im Umfeld der Wahl zum britischen Unterhaus im April 1992. Die Wahl ergab einen leichten Umschwung zum Zentrum, Adams verlor den Wahlkreis West-Belfast an den Kandidaten der SDLP, worauf die IRA in ihrer Art antwortete: Einen Tag nach der Wahl zündete sie eine Bombe in der City von London, die drei Tote, 75 Verwundete und riesige materielle Schäden forderte.

Ungeachtet der mörderischen Anschläge nahm Patrick Mayhew, nach den Wahlen Brookes Nachfolger als Nordirlandminister, die Gespräche mit den konstitutionellen Parteien Ulsters Ende April 1992 wieder auf. Um die Gesprächsbereitschaft der Unionisten zu fördern, wurde das von ihnen abgelehnte *Anglo-Irish-Agreement* für drei Monate ausgesetzt. Trotz stärkster Bemühungen der britischen und der irischen Regierung fuhren sich die Gespräche allerdings andauernd fest. Als Anfang November 1992 dann die Regierungskonferenz ihre Arbeit wieder aufnahm (d. h. das *Anglo-Irish-Agreement* erneut in Kraft gesetzt wurde), zogen sich die Unionisten von den Gesprächen zurück, was deren endgültigen Abbruch bedeutete.

Während John Hume in einer Reihe von vertraulichen Zusammenkünften, über die allerdings die irische und die britische Regierung stets unterrichtet waren, Adams für eine Abkehr vom bewaffneten Kampf zu gewinnen suchte, bombte die IRA rücksichtslos weiter: Im März 1993 zerriss ein Sprengsatz in Warrington bei Liverpool zwei Kinder, im April verwüstete eine Bombe mit einer Tonne Sprengkraft die Londoner City. Ende Oktober schließlich explodierte eine Bombe der IRA in einem Laden in der Shankill Road in Belfast vorzeitig, und zehn Menschen fanden den Tod. Dieser Anschlag wurde von allen politischen Lagern verurteilt und rief wieder einmal zahlreiche Vergeltungstaten loyalistischer Paramilitärs hervor. Unterdessen führte Hume seinen Dialog mit Adams weiter und wurde darin energisch vom neuen irischen Premier Albert Reynolds unterstützt; gleichzeitig öffnete die britische Regierung wieder einen geheimen Gesprächs-kanal zu *Sinn Féin*. Im September 1993 verfassten Hume und Adams ein gemeinsames Statement, das darauf abzielte, wie es in einem Kommentar der Autoren hieß, einen «Friedensprozess zu schaffen». Aufgrund der erklärten Bereitschaft der Republikaner, die Lösung des Konflikts in einem friedlichen Prozess zu suchen, konnten *Taoiseach* Reynolds und Premierminister Major jetzt daran gehen, ihrerseits eine Stellungnahme über ihre Positionen hinsichtlich Nordirlands abzugeben, was am 15.12.1993 in einer «gemeinsamen Deklaration für den Frieden» (‹Downing-Street-Declaration›) geschah. Darin bestätigte Großbritannien, kein eigennütziges Interesse strategischer oder ökonomischer Art in Nordirland zu haben. Alle Parteien, so hieß es weiter, die sich aus-schließlich friedlicher Methoden bedienten, würden vollständig am nordirischen politischen Geschehen beteiligt. Schließlich, und das war das Herzstück der Verlautbarung, willigte die britische Regierung ein, dass es allein die Sache der Menschen in Irland sei, auf der Basis des Selbstbestimmungsrechts und im Konsens beider Bevölkerungsgruppen die Vereinigung Irlands herbeizuführen, wenn dies ihr Wunsch sei. Diese Formel sollte sowohl den Repu-blikanern entgegenkommen als auch die Unionisten beruhigen, die sich im Gegensatz dazu allerdings nur in ihrer Furcht bestätigt fühlten, dass London sich ihrer entledigen wollte. Außerdem missbilligten sie das Konzept der Selbstbestimmung des irischen Volkes, das sie mit einschließen sollte, da es der unionistischen Eigenwahrnehmung, Teil des britischen Kulturkreises zu sein, widersprach, und damit einem zentralen Element ihrer Identität.

Amerikanische Initiative brachte zusätzliche Bewegung in den Friedensprozess: Im Februar 1994 gewährte Präsident Clinton Gerry Adams ein Visum für die USA, gegen den Protest der briti-schen Regierung. Das war die erste von mehreren Gesten Clin-tons, der sich sehr für eine Konfliktlösung in Nordirland ein-setzte, um den politischen Arm des Republikanismus hoffähig zu machen. Im August 1994 traf sich unter strenger Geheimhaltung Nordirlandminister Mayhew mit Adams und dem Vizepräsidenten von *Sinn Féin*, McGuinness. Es ist sicher kein Zufall, dass die IRA zwei Wochen nach der Zusammenkunft die vollständige Einstellung des bewaffneten Kampfes bekannt gab. Wiederum zwei Wochen später erklärte auch das *Combined Loyalist Military Command* (CLMC), das für alle loyalistischen Paramilitärs sprach, einen Waffenstillstand. Obwohl die IRA keine dauerhafte Waffenruhe verkündet hatte, was Großbritannien stets als Bedingung für «inklusive» Verhandlungen (d. h. Verhandlungen unter Einschluss von *Sinn Féin*) genannt hatte, sagte John Major Ende Oktober 1994, er gehe von der «Arbeitshypothese» aus, dass der Waffenstillstand der IRA permanent sei. Er hob darüber hinaus das Verbot für Regierungsmitglieder, sich mit Republikanern zu treffen, auf. Daraufhin kamen Anfang Dezember zum ersten Mal offiziell Vertreter der britischen Regierung und von *Sinn Féin* zusammen.

Ende Februar 1995 hielten Major und der neue irische Premier John Bruton eine gemeinsame Pressekonferenz ab, auf der sie die so genannten ‹Framework Documents› vorstellten. Darin waren die Strukturen und Prinzipien zusammengefasst, innerhalb derer eine friedliche Beilegung des Konflikts stattfinden konnte, über die sich britische und irische Regierung einig waren. Die Erklärung visierte baldige Verhandlungen über die Zukunft Nordirlands an, an der alle Parteien teilhaben könnten, die sich auf den Gebrauch ausschließlich friedlicher und demokratischer Mittel und die Anerkennung des Konsensprinzips verpflichteten. Ziel der Verhandlungen sei es, den Bürgerkrieg zu beenden und Institutionen sowohl für eine nordirische Selbstverwaltung als auch für die Zusammenarbeit zwischen Republik, Nordirland und Großbritannien zu schaffen (Bestätigung der drei «*Strands*» Brookes von 1991).

Entgegen diesen hoffnungsfroh stimmenden Ansätzen eskalierte 1995 zum ersten Mal der Konflikt um die traditionelle Parade des Oranierordens am 12. Juli, dem Jahrestag der Schlacht am Boyne, bzw. genauer um den Weg des Marsches, der auch durch vornehmlich von Katholiken bewohnte Straßen führte. Die traditionelle Route der Parade in Portadown in der Grafschaft Armagh führt von einer protestantischen Kirche in dem Vorort Drumcree durch die nationalistische Garvaghy Road ins Stadtzentrum von Portadown. Weil es 1994 zu ersten Zusammenstößen zwischen Marschierenden und Anwohnern gekommen war, entschied die Polizei für 1995, den Zugang zur Straße für den Aufzug zu sperren. Drei Tage lang stand die unionistische Demonstration, an der auch Ian Paisley und David Trimble (später im Jahr zum Vorsitzenden der UUP gewählt) teilnahmen, drohend vor der Polizeiblockade. Als sich die Orange-Männer bereit erklärten, ohne Musikbegleitung und ohne Parolen zu skandieren durch die Straße zu ziehen, wurde ihnen dies erlaubt. Im folgenden Jahr war die Kompromissbereitschaft auf beiden Seiten freilich aufgebraucht: Am Abend des 7. 7. hatten sich ca. 4000 Demonstranten an der Polizeiabsperrung eingefunden; im Lauf der nächsten beiden Tage wuchs die Zahl auf über 10 000. Überall in der Provinz gab es loyalistische Solidaritätsaktionen. Fast 20 000 Mann Sicherheitskräfte waren nötig, um den Zugang zu den Häfen und Flughäfen und die großen Straßen Nordirlands offen zu halten. Für die Nacht vom 11. auf den 12. 7. rechnete man in Drumcree mit 60 000 Demonstranten, die mit Bulldozern die Polizeiabsperrung durchbrechen wollten. Daraufhin entschied die Polizeiführung, ein Sicherheitsventil zu öffnen, und ließ 1000 Loyalisten durch die Straße marschieren. Die Nationalisten reagierten auf diese vermeintliche Kapitulation gegenüber dem Oranierorden mit einem Aufschrei der Empörung; der Parade folgten vier Tage Straßenkämpfe der Sicherheitskräfte mit katholischen Jugendlichen. Fünf Jahre hintereinander entbrannten an der Garvaghy Road heftige Konflikte.[3] Die Bestimmtheit, mit der die Orange-Männer auf ihrer traditionellen Route beharrten, und der Umfang des Konflikts, der sich daran entzündete, verweisen auf eine für den Friedensprozess höchst problematische Entwicklung der unionistischen Mentalität: Die Protestanten Nordirlands sehen sich selbst mehr und mehr als die eigentlichen Opfer des Konflikts an. Das Schreckensszenario, mit dem ihre Führer stets die notwendige Einheit des Unionismus begründet hatten – nämlich von der katholischen Mehrheit Irlands belagert und davon bedroht zu sein, der protestantischen Identität beraubt zu werden –, bewahrheitete sich in den Augen vieler Protestanten nun. Zu dieser Furcht, die sich auch aus der Enttäuschung über den vermeintlichen Verrat der britischen Regierungen speiste, gesellte sich noch die ganz reale Sorge darum, angesichts der demographischen Entwicklung den Status der Mehrheit in Nordirland zu verlieren. Um so entschiedener werden die Symbole der unionistischen Identität verteidigt; und das führt zu solchen, für den Außenstehenden unbegreiflich irrationalen, Ausbrüchen wie in Drumcree oder in der Ardoyne Road in Belfast, wo Loyalisten 2001 wochenlang den Weg zu einer katholischen Mädchengrundschule sperrten, der durch eine von Protestanten bewohnte Straße führt.

Der Impuls für eine Weiterentwicklung des Friedensprozesses, der wegen der Frage der Waffenabgabe der IRA in eine Sackgasse geraten war, kam wiederum vom amerikanischen Präsidenten, der Ende November 1995 nach Nordirland reiste, um die Bedeutung einer Konfliktlösung auf seiner außenpolitischen Agenda herauszustellen. Auf Anregung der USA kündigten Major und der irische Premier Bruton die Einsetzung einer internationalen unabhängigen Kommission an, die Vorschläge zur Abrüstung der Paramilitärs erarbeiten sollte. Die Kommission unter Vorsitz des ehemaligen US-Senators George Mitchell kam im Dezember 1995 und Januar 1996 zusammen und machte folgende Vorschläge: Die paramilitärischen Gruppen hatten ihre Waffen vollständig abzuliefern, aber nicht vor Beginn der geplanten Allparteien-Gespräche über die politische Zukunft Nordirlands, sondern während diese liefen. Die an den Verhandlungen beteiligten Parteien mussten sich auf den Einsatz ausschließlich friedlicher und demokratischer Mittel verpflichten. Adams begrüßte diese so genannten Mitchell-Prinzipien, insbesondere weil sie keine Entwaffnung vor den Verhandlungen vorsahen. Als Antwort kündigte die britische Regierung die Wahl eines Nordirland-Forums an, wodurch, so Major, die Parteien eine demokratische Legitimation für die anstehenden Verhandlungen erhalten sollten. Die unionistische Seite hieß diese Entscheidung gut, während *Sinn*

Féin und SDLP sie als überflüssig und als Verzögerung für die All-parteien-Gespräche ablehnten. Die IRA reagierte auf die in ihren Augen intransigente Haltung der britischen Regierung mit dem Ende der Waffenruhe: Am 9. 2. 1996 explodierte ein Sprengsatz in den Londoner Docklands, der zwei Tote und immense Sachschäden forderte. Wegen des Abbruchs des Waffenstillstands begannen die Allparteien-Gespräche am 10. 6. ohne *Sinn Féin*. Fünf Tage später zündete die IRA in Manchester (während der Fußball-EM) die größte Bombe, die im Nordirlandkonflikt überhaupt je zum Einsatz kam; offensichtlich sollte *Sinn Féin* an den Verhandlungstisch gebombt werden. Mit der IRA wieder im militärischen Kampf, dem sich zur gleichen Zeit entwickelnden Drama in Drumcree und einer praktisch handlungsunfähigen britischen Regierung, deren parlamentarische Mehrheit in der Auseinandersetzung um die Europapolitik geschwunden war und die sich deshalb auf die Stimmen der Unionisten im Unterhaus stützen musste, schien eine friedliche Beilegung des Nordirlandkonflikts im Sommer 1996 ferner denn je.

Erst der Wahlsieg Tony Blairs vom 1. 5. 1997 befreite die britische Nordirlandpolitik aus dieser verfahrenen Situation. Blairs Labour-Partei erzielte eine deutliche Mehrheit im Unterhaus und konnte von dieser gestärkten Autorität ausgehend eine neue Initiative für den Friedensprozess ergreifen. Der Premier wollte *Sinn Féin* an den Verhandlungstisch bringen, um damit die republikanische Bewegung von der Notwendigkeit des Gewaltverzichts zu überzeugen. Folglich bot er die sofortige Beteiligung *Sinn Féins* an den Gesprächen an, wenn die IRA einen Waffenstillstand erkläre. Außerdem versicherte er, Großbritannien bestehe nicht darauf, dass die IRA mit ihrer Entwaffnung beginne, bevor *Sinn Féin* zu den Verhandlungen zugelassen werde (9. 7.). Im Anschluss daran rief die IRA am 20. 7. abermals einen Waffenstillstand aus. *Sinn Féin* trat den Allparteien-Gesprächen am 9. 9. 1997 bei, nachdem Marjorie (Mo) Mowland, Labours neue, sehr aktive Nordirlandministerin, erklärt hatte, die Waffenruhe der IRA sei ausreichend eingehalten worden, und *Sinn Féin* die Mitchell-Prinzipien unterzeichnet hatte. Die UUP erklärte ihre Teilnahme eine

Woche später, während die DUP die Gespräche boykottierte, weil *Sinn Féin* teilnahm. Verhandelt wurde über die drei «*Strands*», die Major und Bruton 1995 in den ‹Framework Documents› festgelegt hatten (und die ihrerseits wieder auf der Agenda der *Brooke/ Mayhew-Talks* beruhten): Das Verhältnis 1. der Bevölkerungsgruppen Nordirlands; 2. zwischen Belfast und Dublin; 3. zwischen dem Vereinigten Königreich und der Republik. Wiederum galt: Nur wenn in jedem der drei Bereiche eine Übereinkunft erzielt würde, konnte ein Abkommen in Kraft treten.

Die Gespräche kamen zunächst aber nicht von der Stelle. Das lag auch an dem fortgesetzten Brechen des Waffenstillstands: Seit Ende 1997 tobte eine mörderische Fehde zwischen loyalistischen und republikanischen Gruppen, mit zwölf Toten bis Anfang Februar. Daran waren auch die IRA und die UDA beteiligt, was eigentlich den permanenten Ausschluss der ihnen verbundenen politischen Parteien – *Sinn Féin* und *Ulster Democratic Party* (UDP) – hätte nach sich ziehen müssen. Um die Verhandlungen aber nicht in eine vollkommen aussichtslose Situation zu manövrieren, wurden sie jeweils nur für eine kurze Frist ausgeschlossen. Um die Gesprächsteilnehmer unter zeitlichen Druck zu setzen und damit ihre Kompromissbereitschaft endlich zu erhöhen, erklärte Mitchell, der den Verhandlungen vorsaß, am 26. 3. 1998 ultimativ, dass sich die Parteien bis zum 9. 4. (Gründonnerstag) auf ein gemeinsames Dokument zu einigen hätten. Daraufhin wurde Tag und Nacht verhandelt. Besonders umstritten waren die Kompetenzen, die man den vorgesehenen gesamtirischen Institutionen zugestehen sollte. SDLP und *Sinn Féin* wollten sie, als Keimzelle einer späteren irischen Vereinigung, möglichst umfassend, die Unionisten aber aus dem gleichen Grund möglichst geringfügig sehen. Ebenso umstritten blieb die Frage der Entwaffnung der paramilitärischen Gruppierungen und die Freilassung ihrer inhaftierten Mitglieder. Trotz erheblicher Bedenken konzedierten Blair und *Taoiseach* Bertie Ahern, dass alle Gefangenen der am Verhandlungstisch repräsentierten Organisationen (IRA, UDA, UVF) innerhalb von zwei Jahren auf Bewährung freigelassen würden, wenn ihre Waffenruhe Bestand habe. Am frühen

Morgen des 10. 4. (Karfreitag) legte Mitchell einen Vorschlag vor, den die UUP zunächst ablehnen wollte, weil zwar die Entwaffnung der Paramilitärs innerhalb von zwei Jahren vorgesehen war, nicht aber, wann diese beginnen sollte. Die tief gehenden Vorbehalte Trimbles gegen diesen Passus konnten erst die persönlichen Garantien Blairs und Clintons – der den unionistischen Führer telefonisch zu einer Unterzeichnung beschwor –, dass die Entwaffnung sogleich beginnen sollte und die US-Regierung auf Einhaltung des Vertrags drängen werde, so weit ausräumen, dass das Abkommen noch am selben Tag unterzeichnet wurde.

Zur Regelung der inner-nordirischen Verhältnisse (*«Strand 1»*) sah das Abkommen die Errichtung eines Provinzparlaments (*Assembly*) mit 108 Sitzen vor (gewählt nach dem *«single-transferable-vote»*-System), das eine Exekutive wählen sollte, in der alle relevanten Parteien vertreten sein würden. Beschlüsse der *Assembly* benötigen einen «parallelen Konsens», d. h.: Jede Partei muss vor Beginn der Legislaturperiode ihre Zugehörigkeit zum unionistischen oder nationalistischen Lager (oder, was die Ausnahme bleibt, zum neutralen) erklären. Eine Entschließung kommt zustande, wenn entweder die Mehrheit im unionistischen und nationalistischen Lager zustimmt, oder wenn sie 60 % aller Abgeordneten billigen, wobei die Zahl der Gegenstimmen in keinem der Blöcke 40 % überschreiten darf. Das Konsensprinzip als elementares Merkmal des Abkommens wird auch daran deutlich, dass eine eventuelle Veränderung im konstitutionellen Status Nordirlands – d. h. eine irische Vereinigung – nur mit Einwilligung der dortigen Mehrheit möglich ist. Die Regierungen in Belfast und Dublin sollten sechs Sachgebiete (z. B. Landwirtschaft, Tourismus, Transportwesen) identifizieren, für die gesamtirische Behörden geschaffen würden, die aber den beiden Parlamenten nachgeordnet wären (*«Strand 2»*). Im Gegenzug würde die Republik den Anspruch auf die Jurisdiktion für das ganze irische Territorium aus der Verfassung streichen. Außerdem war die Gründung eines *British/Irish Council* festgelegt, in dem Vertreter des britischen, irischen und nordirischen Parlaments (und der regionalen Versammlungen von Schottland und Wales) übergeordnete

Themen wie z. B. Umweltschutz behandeln sollten («*Strand 3*»). Die britische Regierung verpflichtete sich zudem, in Nordirland eine Kommission für Gleichberechtigung zu bilden, die mit weit reichenden Kompetenzen ein faires Miteinander der beiden Konfessionen garantieren soll. Darüber hinaus sah das Abkommen die Neustrukturierung der RUC vor (seit November 2001 *Police Service of Northern Ireland*, PSNI), die vorzeitige Entlassung der inhaftierten Paramilitärs und die Entwaffnung der Kampforganisationen binnen zwei Jahren. Parallel dazu sollen die britische Armee nach und nach abgezogen und die Polizeistärke auf Friedensniveau zurückgeführt werden. .

David Trimble, Parteichef der UUP und später erster *First Minister* Nordirlands, konnte in seiner Partei überraschend großen Zuspruch für die Unterschrift unter das Karfreitags-Abkommen verzeichnen: Mit 55 zu 23 Stimmen optierte das Präsidium der UUP dafür, auf einem später abgehaltenen Sonderparteitag sprachen sich fast drei Viertel der Delegierten ebenso aus. Bedeutendste Gegnerin des Abkommens auf unionistischer Seite war Paisleys DUP, die zusammen mit anderen unionistischen Opponenten und unterstützt vom Oranierorden eine Abwehrfront bildete, die unter dem Motto «*It's Right to say No*» dafür warb, beim Referendum im Mai gegen das Agreement zu stimmen. Die nationalistischen Parteien hingegen unterstützten das Abkommen geschlossen, auch *Sinn Féin*, die sogar die Politik des Fernbleibens aus den Parlamenten auch für Nordirland beendete, damit ihre gewählten Kandidaten ihre Sitze in der *Assembly* einnehmen konnten; selbst die IRA äußerte vorsichtige Zustimmung. Mit einer anderen Entscheidung hätte *Sinn Féin* sich auch im katholischen Lager isoliert, stimmten doch 96 % der Katholiken Nordirlands beim Referendum am 22. 5. 1998 für das Abkommen. Die protestantische Mehrheit war deutlich kleiner, sie lag bei nur etwa 55 %, für beide Volksgruppen zusammen bei 72 %. Parallel stimmten in der Republik über 94 % der Streichung des Wiedervereinigungsanspruchs aus der Verfassung zu. Diese Mehrheitsverhältnisse spiegelten sich auch in den Ergebnissen der Wahl zur Regionalversammlung Nordirlands wider, die am 25. 6. abgehalten wurde: Von den Parteien, die für das Karfreitags-Abkommen waren, gewann die UUP 28, die SDLP 24, SF 18, die APNI 6 und weitere, kleinere Gruppierungen 4 Sitze. Von den ablehnenden Parteien erzielte die DUP 20, die UKUP 5 und unabhängige Unionisten 3 Mandate.

2. Perspektiven: Nordirland auf dem Weg zum Frieden?

Mit dem Karfreitags-Abkommen war der Weg zu einem dauerhaften Frieden in Nordirland noch nicht offen; seine Implementierung gestaltete sich höchst schwierig. Es türmten sich zwei Barrieren auf, die nicht überwunden werden konnten: die fortwährende Verletzung der Waffenruhe vor allem durch loyalistische Banden und Splittergruppen der IRA sowie – was noch größere Tragweite hatte – die Diskussion um die Abrüstung der schlagkräftigsten paramilitärischen Organisation, der IRA.

Die Unterstützung des Friedensprozesses und die damit verbundene Abwendung vom bewaffneten Kampf erschien manchem Republikaner als ein Verrat an den «Märtyrern» der Bewegung. Bereits im November 1997 spaltete sich deshalb ein so genanntes 32-Grafschaften-Komitee von *Sinn Féin* ab, bezeichnenderweise unter der Leitung der Witwe von Bobby Sands. Der bewaffnete Arm des Komitees nannte sich *Real* IRA (RIRA). Diese «wirkliche» IRA versuchte im August 1998, durch den bisher opferreichsten Bombenanschlag des gesamten Nordirlandkonflikts den Friedensprozess brutal zu zerstören: Im Stadtzentrum von Omagh in Tyrone zündete sie einen Sprengsatz, der 29 Menschen tötete, darunter eine werdende Mutter von Zwillingen. Die Reaktionen in Nordirland waren heftig, und die zweite größere republikanische Kampfeinheit, die INLA, rief einen Waffenstillstand aus, weil angesichts der Omagh-Bombe der bewaffnete Kampf nicht länger zu rechtfertigen sei. Kurz darauf erklärte auch die RIRA die Einstellung der militärischen Aktionen, hielt sich aber nicht daran; u. a. gehen zwei Anschläge in London vom Frühjahr 2001 auf ihr Konto. Auch der IRA werden mehrere Attentate vorgeworfen. Wegen des fortgesetzten

136

Bruchs der Waffenruhe stellte die britische Regierung im Oktober 2001 auch mehrere loyalistische paramilitärische Gruppierungen an den Pranger. Das hatte zunächst keine Sanktionen zur Folge. Allerdings können Angehörige von Organisationen, die die Waffenruhe brechen, wieder in Haft genommen werden – denn diese Bestimmung des Karfreitags-Abkommens wurde umgesetzt: Alle inhaftierten Paramilitärs sind inzwischen auf freiem Fuß.

Zur Sollbruchstelle bei der Implementierung des Abkommens geriet freilich die Frage der Waffenabgabe. Die Probleme zeigten sich rasch: War die Wahl zur *Assembly* noch planmäßig verlaufen und hatte auch im unionistischen Lager eine Mehrheit der Vertragsbefürworter ergeben, zogen sich die Übergabe von Kompetenzen nach Belfast und damit die Regierungsbildung über Monate hin, weil Trimble, der designierte Erste Minister, sich einer Teilnahme *Sinn Féins* an der Exekutive widersetzte, solange die IRA nicht mit der Waffenübergabe begann. Die IRA ihrerseits verweigerte die sofortige Entwaffnung, da nach ihrer Auffassung dieser Punkt im Karfreitags-Abkommen nicht oder zumindest nicht als Voraussetzung für die Regierungsbeteiligung vorgesehen war. Die Verfügungsgewalt über ihr wohlgerüstetes Waffenarsenal ist für die IRA ein elementarer Bestandteil ihres Selbstbewusstseins. Die Vernichtung der Waffen (eine Abgabe kommt ohnehin nicht in Frage, da sie allzu sehr nach Kapitulation aussehen würde) würde den vollkommenen Bruch mit ihrer Tradition und Ideologie bedeuten, der anscheinend nur schwer zu vollziehen ist. Mehrere von London gesetzte Ultimaten verstrichen, ohne dass eine Annäherung festzustellen war. Im September 1999 wurde dann der bewährte Unterhändler Senator Mitchell abermals gebeten, ein Komitee zu leiten, das unter Beteiligung aller Parteien die Frage der Abrüstung noch einmal begutachten sollte. Nach äußerst mühsamen, 10-wöchigen Verhandlungen konnte man sich schließlich auf einen Kompromiss einigen: Die Entwaffnung sollte im Mai 2000 beginnen und von einer unabhängigen internationalen Kommission überprüft werden. Jetzt konnte die britische Regierung die im Abkommen vorgesehenen Kompetenzen nach Nordirland transferieren, und die dortige Exekutive mit dem Ersten Minister Trimble (der gemeinsam mit John Hume den Friedensnobelpreis für 1998 erhalten hatte) und seinem Stellvertreter Seamus Mallon (SDLP) trat ihr Amt an. Prominentester Repräsentant von *Sinn Féin* war Martin McGuinness als Erziehungsminister.[4]

Das Problem war damit jedoch mitnichten beseitigt. Nur zwei Monate später musste die Inspektoren-Kommission feststellen, dass sie von der IRA keinerlei Informationen erhalten hatte, wann sie mit der Waffenabgabe zu beginnen gedenke. Um den angedrohten Rücktritt Trimbles zu verhindern, der das Funktionieren des Karfreitags-Abkommens grundsätzlich in Frage gestellt hätte, blieb Nordirlandminister Mandelsson nichts anderes übrig, als die Selbstverwaltung zu suspendieren und Nordirland vorübergehend erneut unter britische Direktherrschaft zu stellen (11. 2. 2000). Als die IRA zustimmte, sich vollständig zu entwaffnen und dies auch überprüfen zu lassen, konnte die Selbstverwaltung wieder in ihre Rechte eingesetzt werden, allerdings nur für kurze Zeit. Denn innerhalb der UUP schwand die Unterstützung für den Kurs Trimbles zusehends. Mehr und mehr Unionisten glaubten, den Republikanern schon zuviel zugestanden zu haben. Nicht zuletzt speiste sich der Unmut in der UUP aus der Sorge über den Verlust an Wählerstimmen an die DUP, die strikt gegen das Karfreitags-Abkommen stand. Bei den Wahlen zum Parlament von Westminster im Juni 2001 erreichte die DUP 22,5 % der Stimmen, gegenüber 13,6 % vier Jahre zuvor, während die UUP von 32,7 auf 26,8 % zurückfiel (bei dieser Wahl wurde *Sinn Féin* auch zum ersten Mal stärkste Kraft des nationalistischen Lagers). Von seiner Partei unter Druck gesetzt, forderte Trimble wiederum Abrüstungsschritte der IRA, und diesmal machte er die damit verbundene Rücktrittsdrohung wahr (1. 7. 2001). Die Verfahrensordnung der *Assembly* schrieb für diesen Fall vor, binnen sechs Wochen einen neuen Ersten Minister zu wählen; sollte dies nicht gelingen, mussten Neuwahlen stattfinden. Um Zeit zu gewinnen, wendete Premierminister Blair einen Trick an und suspendierte die nordirische Selbstverwaltung für einen Tag (10. 8.), da dadurch die sechswöchige Frist von neuem begann. Diese Prozedur wiederholte sich im September. Erst jetzt, als das Scheitern des Friedensprozesses unmittelbar bevorzustehen schien, willigte die IRA am 23. 10. ein, ihre Waffenarsenale unbrauchbar zu machen. Am gleichen Tag vermeldete die Entwaffnungskommission, dass sie einer signifikanten Zerstörung von Waffen beigewohnt habe. Am 6. 11. konnte daraufhin die Regionalversammlung Trimble abermals zum Ersten Minister wählen (sein Stellvertreter wurde Mark Durkan, designierter Vorsitzender der SDLP). Von den 60 unionistischen Abgeordneten, die an dem Votum teilnahmen, gaben allerdings nur 31 Trimble ihre Stimme, 29 optierten gegen ihn.

Im Oktober 2002 brach die IRA die Kontakte zur Entwaffnungskommission jedoch wieder ab. Im Anschluss daran kündigte Trimble, einem entsprechenden Beschluss des Parteirates der UUP folgend, in dem die Gegner des Karfreitags-Abkommens die Oberhand gewonnen hatten, seinen Rücktritt als Erster Minister an, wenn die IRA nicht bis zum Januar 2003 vollständig abgerüstet haben sollte. Trimble forderte darüber hinaus Blair ultimativ dazu auf, Sinn Féin aus der Regierung auszuschließen, da kurz zuvor ein Spionagering der IRA im Belfaster Sitz des britischen Nordirlandministeriums enttarnt worden war. Am 14. 10. hob Nordirlandminister John Reid daraufhin zum jetzt vierten Mal die Selbstverwaltung auf. Nach ergebnislosen Verhandlungen über einen neuen Friedensplan, den Bertie Ahern und Blair entwickelt hatten, verfügte Blair die Verschiebung der für März 2003 geplanten Wahl zur *Assembly* zunächst um einen Monat, dann auf unbestimmte Zeit. Im April 2003 signalisierte die IRA erneut ihre Bereitschaft zur Weiterführung des Abrüstungsprozesses. Mitte Oktober gab sie dann bekannt, sie sei «bei nächster Gelegenheit» zu einer Entwaffnung bereit, woraufhin es hieß, ein «Durchbruch» im Friedensprozess stehe bevor. Die Wahlen wurden jetzt für den 26. 11. angesetzt. Sogleich folgte jedoch die große Ernüchterung: Trimble sagte, er sei enttäuscht, solange nicht klar sei, wie viele Waffen die IRA wirklich zerstört habe, werde er den mit der britischen und der irischen Regierung vereinbarten Annäherungsprozess nicht fortsetzen. Ungewöhnlich offen (für einen Diskurs, in dem man sonst sehr genau zwischen den Zeilen lesen muss) bemerkte daraufhin Blair, das sei «mehr als frustrierend». Er selbst wisse durchaus, in welchem Umfang die IRA abgerüstet habe, dürfe es aber nicht sagen. Wenn die Unionisten wüssten, was er wisse, wären sie von der Friedensbereitschaft der IRA überzeugt. Am Termin der Wahl wurde jedoch festgehalten; ihr Ergebnis bestätigte den Trend aller Abstimmungen seit der Unterzeichnung des Karfreitags-Abkommens: Die UUP (sie erzielte 27 Sitze) verlor an die DUP (+ 10 auf jetzt 30 Sitze), die damit größte unionistische Partei wurde, ebenso wie die SDLP (– 6 auf 18) zugunsten von *Sinn Féin* (+ 6 auf 24) einbüßte. Eine Exekutive konnte aufgrund dieser Zusammensetzung der nordirischen Regionalversammlung bisher (bis Juni 2004) nicht gebildet werden; die Implementierung des Karfreitags-Abkommen bleibt ausgesetzt.

Welche Perspektiven zeichnen sich für die weitere Entwicklung Nordirlands ab? Im Großen und Ganzen hält der Waffenstillstand. Das bedeutet: Die schlagkräftigsten paramilitärischen Gruppen beider Lager sind zu der Einsicht gelangt, dass spektakuläre Anschläge mit vielen Opfern ihrer Sache nicht dienlich sind. Im Gegenteil: Sie haben etwas zu verlieren, weil ihre aus dem Gefängnis entlassenen Mitkämpfer bei einem offenen Bruch des Waffenstillstands befürchten müssen, erneut in Haft genommen zu werden, und ihre politischen Vertretungen von der Mitwirkung an der weiteren Entwicklung ausgeschlossen werden können. Hinzu kommt die weltweit scharfe Ächtung terroristischer Aktionen seit den Anschlägen von New York und Washington vom 11.9. 2001, die jede Aussicht auf positive internationale Reaktionen zunichte macht. Auf der anderen Seite ist konfessionell begründete Gewalt weiterhin ein nahezu täglich aufscheinendes Phänomen, wenn auch die (medienwirksamen) Extremausschläge mit vielen Toten fehlen. Auseinandersetzungen um Paraden des Oranierordens, Rohrbomben im Briefkasten der Andersgläubigen, Steinwürfe an den *Peace-Lines* in Belfast, die Bestrafung von Abweichlern durch die Paramilitärs mittels «*kneecapping*» (Durchschießen der Kniescheiben) – dies alles gehört zur spezifischen Normalität Nordirlands. 2003 (die Statistiken reichen derzeit bis Ende August) forderte der Nordirlandkonflikt noch einmal acht Leben, mehr als 430 Menschen wurden bei rund 120 Schießereien und 40 Bombenattentaten verwundet.[5]

Die Gewalt beschränkt sich allerdings durchweg auf bestimmte «Hotspots», insbesondere im Umfeld der 13 *Peace-Lines*, die in Belfast unionistische von nationalistischen Wohnstraßen trennen. Im Schatten dieser monströsen, bis 11 m hohen Mauern leben die Armen beider Bevölkerungsgruppen, an denen der wirtschaftliche Aufschwung Ulsters spurlos vorübergegangen ist. Denn einen solchen Aufschwung hat es durchaus gegeben, in den friedlichen Teilen der Provinz, massiv subventioniert aus London und Brüssel. Das wirtschaftliche Wachstum betrug 2002 2 % und wird für 2003 auf 2,5 % geschätzt. Zwar bleibt Nordirland die ärmste Region des Vereinigten Königreichs, der Abstand hat sich jedoch spürbar verringert. Die Arbeitslosigkeit ist auf einem historischen Tiefstand, mit 5,2 % lag sie 2003 fast drei Punkte unter dem Durchschnitt in der EU. Und auch die Divergenz zwischen der Beschäftigungsrate von Katholiken und Protestanten ist seit Anfang der 90er Jahre deutlich reduziert worden, wie überhaupt nahezu alle Kennzeichen der Diskriminierung verschwunden sind. Symbol dieser anderen, prosperierenden Seite der nordirischen Normalität ist die Lagan Waterfront Belfasts, ein repräsentatives touristisches und Erholungszentrum am Hafen, unweit der einst am meisten umkämpften Straßenzüge Shankill und Lower Falls Road.

Nordirland bleibt indessen eine tief gespaltene Gesellschaft entlang der konfessionellen Grenzen. Manche Indikatoren deuten sogar darauf hin, dass sich der Riss noch vergrößert: Beispielsweise nimmt die – ohnehin sehr geringe – Zahl an Eheschließungen zwischen Katholiken und Protestanten ab. Zudem wächst die Zahl der «ethnisch reinen» Wohngebiete; immer weniger Menschen trauen sich etwa in West-Belfast in der «falschen» Straße zu leben, wo sie permanente Übergriffe zu befürchten hätten. Gleiches gilt auch für Londonderry, wo der Fluss Foyle jetzt praktisch die Grenze bildet zwischen dem katholischen Westufer (Altstadt), mit einer rasch schwindenden protestantischen Enklave, und der protestantischen Waterside am Ostufer. Und auch in der nächsten Generation wird diese Entwicklung fortgeschrieben: Noch immer besuchen 95 % der Schüler in Nordirland so genannte «nicht-integrierte» Lehranstalten, Schulen demnach, die sich praktisch exklusiv an eine Konfession richten.

Auch die Wahlen zum Europäischen Parlament im Juni 2004 untermauerten den Trend, dass in beiden politischen Lagern die radikalen Parteien DUP und *Sinn Féin* auf Kosten der gemäßigten UUP und SDLP an Zustimmung gewinnen. Die DUP erreichte am 13. 6. eindrucksvolle 32 % der Stimmen, *Sinn Féin* über 26 %, während sich die UUP mit 16,6 % und die SDLP mit 15,9 % begnügen mussten. Das deutet einmal auf eine sich ausweitende Unzufriedenheit mit dem Friedensprozess hin. Vor allem die Unionisten bezweifeln, dass die IRA trotz wiederholter Bestätigung ihres Waffenstillstands zur Abrüstung wirklich geneigt ist und die Führer von *Sinn Féin* willens sind, auf das Drohpotenzial des bewaffneten Arms ihrer Bewegung zu verzichten. Auch innerhalb der UUP schwindet die Kompromissbereitschaft.

Es ist aber ebenso ein weiterer Beleg dafür, dass sich die Grenzen zwischen den Bevölkerungsgruppen verhärten. Freilich ist zumindest denkbar, dass das Anwachsen der DUP auch eine Chance für den Mechanismus des Karfreitags-Abkommens darstellt: Wenn die DUP nicht den Fehlschlag des gesamten Friedensprozesses riskieren will, muss sie sich jetzt als größte unionistische Partei stärker einbinden lassen und ihre Fundamentalopposition aufgeben. Andererseits: Ob ein DUP-Repräsentant als Erster Minister mit einem *Sinn Féin*-Mann als Stellvertreter eine arbeitsfähige Regierung bilden kann, ist aus heutiger Sicht mehr als fraglich. Die permanente Notwendigkeit des britischen Eingreifens in die nordirische Selbstverwaltung und deren andauernde Suspendierung nach der Novemberwahl 2003 deuten aber nicht nur auf eine persönliche Unfähigkeit der dortigen politischen Akteure hin, selbst Lösungen zu finden. Vielmehr scheint das aus dem Karfreitags-Abkommen hergeleitete Verfassungssystem Nordirlands insgesamt unzureichend zu sein.

Als besonders gefährlich könnte sich auf mittlere Sicht die demographische Entwicklung in Nordirland erweisen. Das ist ein heikles Thema, so delikat, dass beispielsweise die Daten der letzten Volkszählung von 2001 erst mehr als ein Jahr nach der Erhebung veröffentlicht wurden. Denn die darin enthaltenen Zahlen sprechen eine klare Sprache: Die konfessionelle Zusammensetzung der nordirischen Bevölkerung ändert sich dramatisch. Der (geschätzte[6]) Anteil der Katholiken hat sich auf nahezu 44 % erhöht (1961 = 35 %, 1991 = 41,5 %); der der Angehörigen einer protestantischen Kirche (Presbyterianer, Kirche von Irland und einige kleinere) liegt bei knapp 53 %. In absoluten Zahlen heißt das: Seit 1991 ist die Zahl der Katholiken aufgrund der beträchtlich höheren Geburtenrate um rund 85 000 auf jetzt über 730 000 gestiegen – ganz Nordirland hat 1,68 Millionen Einwohner –, während die Zahl der Protestanten sinkt. Worauf diese Entwicklung hinausläuft, zeigen die Schülerzahlen: Nach Angaben des Erziehungsministeriums waren 2002 unter den Schülern an nordirischen Lehranstalten nur noch 42 % Protestanten, aber 51 % Katholiken. Der Tag ist demnach abzusehen, an dem die Katholiken die Mehrheit in Nordirland stellen werden. Damit wiederum würde das so genannte «unionistische Veto» über die irische Vereinigung obsolet und diese mittelfristig zu einer ganz konkreten Option. Man muss sich vor Augen halten, wie tief die Furcht der Protestanten Nordirlands vor diesem Szenario gründet: Das ganze Ulster-Staatswesen ist ja aus keinem anderen Grund entstanden, als eben dies zu verhindern; die meisten Protestanten Nordirlands empfinden sich als Briten, deren kulturelle Identität nach ihrer Auffassung im katholischen Irland bedroht wäre. Das Gewaltpotential schließlich bei der Verteidigung unionistischer Symbole lässt die Gefahr erkennen, die in der demographischen Entwicklung schlummert.

Zwiespältig ist also das Bild, das Nordirland heute bietet: Die konkrete Umsetzung des Karfreitags-Abkommens stellte sich als enorm schwierig dar; angesichts dessen wich die anfängliche Euphorie, mit der das Dokument in weiten Teilen der Bevölkerung Nordirlands aufgenommen wurde, der Ernüchterung. Obgleich große Erfolge erzielt wurden, bleibt der Frieden bedroht.

Anmerkungen

Einleitung

1 Die simplen Übersetzungen der englischen Bezeichnungen für die politischen Richtungen Nordirlands – Nationalismus (auf die irisch-katholische Nation bezogen), Republikanismus (will die Herstellung einer ganz Irland umfassenden Republik), Unionismus (bezogen auf die Bewahrung der staatlichen Union mit Großbritannien) und Loyalismus (meint Loyalität zu britischen Krone) – haben im Deutschen andere Konnotationen; das ist bei ihrem Gebrauch stets mitzudenken. Sie werden hier trotzdem verwendet, weil sie die einfachste Möglichkeit der Unterscheidung bieten. Die Begriffe und ihr Sinngehalt werden jeweils bei ihrem ersten Auftauchen im historischen Kontext erklärt.

2 Die unterschiedliche Bezeichnung der Stadt ist Ausdruck der zwiegespaltenen Geschichtsauffassung in Irland: Unionisten nennen sie Londonderry, Nationalisten hingegen Derry; in dieser Untersuchung wird der Name Londonderry verwendet, ohne politische Konnotation, weil er (seit annähernd 400 Jahren) die offizielle Bezeichnung ist.

I. Ursprünge des inter-konfessionelle Gegensatzes

1 H. Morgan: Reform and Reaction in Sixteenth-Century Ulster, in: J. Elvert (Hg.): Nordirland in Geschichte und Gegenwart, Stuttgart 1994, S. 13–26, S. 23.

2 J. O'Beirne Ranelagh: A Short History of Ireland, Cambridge [3]1999, S. 55.

3 J. McCavitt: An Irish Trilogy. The wars of the seventeenth century and the colonisation of Ulster, in: Elvert (Hg): Nordirland, S. 27–42, S. 32.

4 McCavitt, S. 31.

5 T. Noetzel: Geschichte Irlands. Vom Erstarken der englischen Herrschaft bis heute, Darmstadt 2003, S. 17.

6 J. Elvert: Geschichte Irlands, München 1993, S. 231.

7 O'Beirne Ranelagh, S. 65.

8 Elvert, S. 238.

9 Dazu: D. W. Miller: Queen's Rebels. Ulster Loyalism in Historical Perspective, Dublin 1978, S. 26, und Elvert, S. 279.

10 J. Bardon: A History of Ulster, Belfast 1992, S. 173.

11 Vgl. Bardon, S. 182.

12 Vgl. Elvert, S. 291.

13 Bardon, S. 226.

14 Noetzel, S. 40.

15 Aus: Henry D. Inglis: A Journey Throughout Ireland during the Spring, Summer, and Autumn of 1834, London 1834, 2 Bde., S. 40. Zit. nach B. Girvin: The Act of Union, Nationalism and Religion: 1750–1850, in: Elvert (Hg.): Nordirland, S. 53–81, S. 75.

16 Elvert, S. 342.

17 Noetzel, S. 47.

18 Zitate Cooks vom Oktober 1834 bzw. Januar 1841 nach Bardon, S. 254 u. 257.

19 Girvin, S. 77.

II. Vorgeschichte: Zwei Nationen auf einer Insel

1 J. Bardon: A History of Ulster, Belfast 1992, S. 307 f.

2 J. O'Beirne Ranelagh: A Short History of Ireland, Cambridge [3]1999, S. 136.

3 J. Elvert: Geschichte Irlands, München 1993, S. 368.

4 O'Beirne Ranelagh, S. 136.

5 V. H. Lyons im Belfast News Letter, 21. 2. 1886, hier zit. nach M. T. Foy: Ulster Unionism and the Development of the Ulster Volunteer Force before the First World War, in: J. Elvert (Hg.): Nordirland in Geschichte und Gegenwart, Stuttgart 1994, S. 99–128, S. 100.

6 E. Saunderson: Two Irelands: or, Loyalty versus Treason, London 1884, S. 3. Aufgrund seiner Loyalität zur britischen Krone wird der Unionismus auch als Loyalismus bezeichnet. Die Forschung hingegen verwendet beide Begriffe in der Regel etwas anders: Als Loyalismus wird der Flügel der Unionisten bezeichnet, der Gewalt als Mittel zur Aufrechterhaltung der Union (bzw. der protestantischen Dominanz in Nordirland) befürwortet. Dieser Konvention soll auch hier gefolgt werden.

7 Bardon, S. 435.

8 Nach: P. Buckland: Ulster Unionism and the Origins of Northern Ireland 1886–1922, Dublin 1973, S. 85.

9 P. Bew: Ideology and the Irish Question. Ulster Unionism and Irish Nationalism 1912–1916, Oxford 1994, S. 95.

10 Bardon, S. 441.

11 Vgl. A. Helle: Die widersprüchliche Autonomie Nordirlands, in: Elvert (Hg.): Nordirland, S. 151–170, S. 155 f.

12 Bardon, S. 510.

13 B. A. Follis: A State Under Siege. The Establishment of Northern Ireland, 1920–1925, Oxford 1999, S. 153.

14 Nach: Bardon, S. 538.

III. Konflikt

1 Government of Northern Ireland: Disturbances in Northern Ireland, Cmnd. 532, Belfast 1969, S. 15.

2 Vgl. vor allem: P. Bew/P. Gibbon/H. Patterson: Northern Ireland 1921–1994: Political Forces and Social Classes, London 1995, S. 149 ff.

3 E. McCann: War and an Irish Town, London ³1993, S. 95.

4 Bew/Gibbon/Patterson, S. 165.

5 Zur Struktur der IRA und zum Umbruch 1969/70 vgl. J. Bowyer Bell: The Secret Army. A History of the IRA, Cambridge (Mass.) 1974, S. 366 ff.; P. Neumann: IRA. Langer Weg zum Frieden, Hamburg 1999, S. 69 f.

6 Vgl. Neumann, S. 79.

7 Inzwischen hat die britische Regierung unter Premierminister Blair eine neue Untersuchungskommission zu den Vorfällen am «Bloody Sunday» eingesetzt (29.1. 1998); diese Kommission veröffentlicht ihre Ergebnisse und die Aussagen der Zeugen (mittlerweile mehr als 900) auf einer eigenen Website im Internet: www.bloody-sunday-inquiry.org.uk.

8 Zit. nach Neumann, S. 90.

9 Zit. nach J. Bardon: A History of Ulster, Belfast 1992, S. 689.

10 Vgl. K. Kelley: The Longest War. Northern Ireland and the IRA, Dingle 1982, S. 234 u. 258 f.

11 Weil es keine *Official IRA* mehr gab (die Gruppe hieß bis 1982 *Sinn Féin-Worker's Party*, seitdem *Worker's Party*), wäre es sinnlos, weiterhin auf dieser Unterscheidung zu beharren und den militärischen Arm der republikanischen Bewegung als «provisorisch» zu kennzeichnen.

12 Zit. nach Kelley, S. 303.

13 Angaben nach B. O'Brien: The Long War. The IRA & Sinn Féin from Armed Struggle to Peace Talks, Dublin 1995, S. 129.

IV. Friedensprozess

1 Vgl. P. Neumann: IRA. Langer Weg zum Frieden, Hamburg 1999, S. 168.

2 Die Subventionen wuchsen von £ 313 Millionen 1973/74 auf £ 3.5 Mrd. 1994/95. Vgl. H. Patterson: Northern Ireland Economy, in: A. Aughey/ D. Morrow (Hg.): Northern Ireland Politics, London/New York 1996, S. 121–128, S. 126.

3 Zu den Konflikten um Drumcree vgl. D. Bryan: Orange Parades. The Politics of Ritual, Tradition and Control, London 2000, S. 2 ff.

4 McGuinness soll im Dezember 1977 Stabschef der PIRA geworden sein, deren höchster Offizier demnach, was er allerdings leugnet. Vgl. B. O'Brien: The Long War. The IRA & Sinn Féin from Armed Struggle to Peace Talks, Dublin 1995, S. 108.

5 Diese und die folgenden Zahlen sind von der ungemein nützlichen und informativen Website Conflict Archive on the Internet (CAIN) der University of Ulster übernommen (cain.ulst.ac.uk).

6 Die Zahl derjenigen, die ihre Konfession offen als «katholisch» angaben, liegt etwas niedriger.

Weiterführende Literatur

Die Übersicht beschränkt sich auf neuere Forschungsliteratur.

Irische/nordirische Geschichte allgemein

Aughey, A./Morrow, D. (Hg.): Northern Ireland Politics, London u.a. 1996.

Bardon, J.: A History of Ulster, Belfast 1992.

Barton, B.: A Pocket History of Ulster, Dublin 1996.

Beckett, J. C.: Geschichte Irlands, Stuttgart 1991.

Bew, P./Gibbon, P./Patterson, H.: Northern Ireland 1921–1994: Political Forces and Social Classes, London 1995.

Connolly, S. J.: Religion, Law, and Power. The Making of Protestant Ireland, Oxford 1992.

Connolly, S. J. (Hg.): The Oxford Companion to Irish History, Oxford 1998.

Elvert, J.: Geschichte Irlands, München ³1999.

Elvert, J. (Hg.): Nordirland in Geschichte und Gegenwart, Stuttgart 1994.

Fitzpatrick, D.: The Two Irelands 1912–1939, Oxford 1998.

Follis, B. A.: A State Under Siege. The Establishment of Northern Ireland, 1920–1925, Oxford 1999.

Fraser, T. G.: Ireland in Conflict 1922–1998, London 2000.

Harris, M.: The Catholic Church and the Foundation of the Northern Irish State, Cork 1993.

Hennessey, T.: A History of Northern Ireland 1920–1996, Dublin 1997.

Kinealy, C.: The Great Calamity. The Irish Famine 1845–1852, Dublin 1994.

Lee, J. J.: Ireland 1912–1985. Politics and Society, Cambridge 1993.

Loughlin, J.: The Ulster Question since 1945, Basingstoke ²2004.

Maurer, M.: Kleine Geschichte Irlands, Stuttgart 1998.

Noetzel, T.: Geschichte Irlands. Vom Erstarken der englischen Herrschaft bis heute, Darmstadt 2003.

O'Beirne Ranelagh, J.: A Short History of Ireland, Cambridge ³1999.

Ryder, C.: The RUC 1922–2000. A Force under Fire, London 2000.

Wichert, S.: Northern Ireland since 1945, Harlow 1991.

Arthur, P.: Special Relationship. Britain, Ireland and the Northern Ireland Problem, Belfast 2000.

Bell, J. B.: The Irish Troubles. A Generation of Violence, 1967–1992, Dublin 1993.

Bew, P./Gillespie, G.: Northern Ireland. A Chronology of the Troubles 1968–1993, Dublin 1993.

Bew, P./Gillespie, G.: The Northern Ireland Peace Process 1993–1996. A Chronology, London 1996.

Cox, M./Guelke, A./Stephen, F. (Hg.): A Farewell to Arms? From ‹long war› to long peace in Northern Ireland, Manchester 2000.

Dunn, S. (Hg.): Facets of the Conflict in Northern Ireland, Basingstoke 1995.

Elliott, S./Flakes, W. D.: Northern Ireland: A Political Directory 1968–1999, Belfast 1999.

Hennessey, T.: The Northern Ireland Peace Process: Ending the Troubles, London 2000.

McGarry, J./O'Leary, B.: Explaining Northern Ireland, Oxford 1995.

McKittrick, D./McVea, D.: Making Sense of the Troubles, Belfast 2000.

Taylor, P.: Brits. The War Against the IRA. London 2001.

Whyte, J. H.: Interpreting Northern Ireland, Oxford 1990.

Wuhrer, P.: Die Trommeln von Drumcree. Nordirland am Rande des Friedens, Zürich 2000.

Unionisten/Loyalisten

Aughey, A.: Under Siege. Ulster Unionism and the Anglo-Irish Agreement, Belfast 1989.

Bew, P.: Ideology and the Irish Question. Ulster Unionism and Irish Nationalism 1912–1916, Oxford 1994.

Bruce, S.: The Red Hand. Protestant Paramilitaries in Northern Ireland, Oxford 1992.

Bryan, D.: Orange Parades. The Politics of Ritual, Tradition and Control, London 2000.

Cochrane, F.: Unionist Politics and the Politics of Unionism since the Anglo-Irish-Agreement, Cork 2001.

English, E./Walker, G. (Hg.): Unionism in Modern Ireland, Dublin 1996.

Helle, A.: Ulster. Die blockierte Nation. Nordirlands Protestanten zwischen britischer Identität und irischem Regionalismus (1868–1922), Frankfurt a. M. u. a. 1999.

Jackson, A.: The Ulster Party. Irish Unionists in the House of Commons, 1884–1911, Oxford 1989.
McKay, S.: Northern Protestants. An Unsettled People, Belfast 2000.
Taylor, P.: Loyalists, London 1999.

Nationalisten/Republikaner

Bittner, J./Knoll, C. L.: Ein unperfekter Frieden. Die IRA auf dem Weg vom Mythos zur Mafia, Frankfurt a. M. 2001.
Coogan, T. P.: The IRA. A History, London 2000.
Dillon, M.: 25 Years of Terror. The IRA's war against the British, Toronto 1996.
English, R.: Armed Struggle. The History of the IRA, London 2003.
Feeney, B.: Sinn Féin. A hundred turbulent years, Dublin 2002.
Moloney, E.: A Secret History of the IRA, London 2002.
Murray, G.: John Hume and the SDLP. Impact and Survival in Northern Ireland, Belfast 1998.
Neumann, P.: IRA. Langer Weg zum Frieden, Hamburg 2002.
O'Brien, B.: The Long War. The IRA & Sinn Féin from Armed Struggle to Peace Talks, Dublin 1995.
Patterson, H.: The Politics of Illusion. A Political History of the IRA, London 1997.
Purdie, B.: Politics in the Streets: The Origins of the Civil Rights Movement in Northern Ireland, Belfast 1990.
Taylor, P.: Provos. The IRA and Sinn Féin, London 1997.

Internetressourcen

Conflict Archive on the Internet (CAIN), erstellt von der University of Ulster: cain.ulst.ac.uk
Newshound, unabhängiges, täglich aktualisiertes Pressearchiv zum Konflikt in Nordirland: www.nuzhound.com
Untersuchungskommission der britischen Regierung zum «Blutsonntag»: www.bloody-sunday-inquiry.org.uk

Abkürzungsverzeichnis

AOH	Ancient Order of the Hibernians
APNI	Alliance Party of Northern Ireland
CLMC	Combined Loyalist Military Command
CSJ	Campaign for Social Justice
DUP	Democratic Unionist Party
INLA	Irish National Liberation Army
IPP	Irish Parliamentary Party
IRA	Irish Republican Army
IRB	Irish Republican Brotherhood
NICRA	Northern Ireland Civil Rights Association
NILP	Northern Ireland Labour Party
OIRA	Official Irish Republican Army
PD	People's Democracy
PIRA	Provisional Irish Republican Army
PSNI	Police Service of Northern Ireland
PUP	Progressive Unionist Party
RIC	Royal Irish Constabulary
RIRA	Real Irish Republican Army
RUC	Royal Ulster Constabulary
SDLP	Social Democratic and Labour Party
UCDC	Ulster Constitution Defence Committee
UDA	Ulster Defence Association
UDP	Ulster Democratic Party
UFF	Ulster Freedom Fighters
UKUP	United Kingdom Unionist Party
UPNI	Unionist Party of Northern Ireland
UPV	Ulster Protestant Volunteers
USC	Ulster Special Constabulary
UUC	Ulster Unionist Council
UUP	Ulster Unionist Party
UUUC	United Ulster Unionist Council
UVF	Ulster Volunteer Force
UWC	Ulster Workers' Council

Zeittafel

1169	Beginn der anglo-normannischen Eroberung von Irland
1297	Erste Einberufung eines anglo-irischen Parlaments in Dublin
1541	Der englische König Heinrich VIII. übernimmt ebenfalls den Titel eines Königs von Irland
1595–1603	Aufstand Hugh O'Neills, Earl of Tyrone
1601	Schlacht von Kinsale, entscheidende Niederlage Tyrones
1607	Flucht des Hochadels aus Ulster («Flucht der Grafen»)
1608–1610	Plantation in Ulster
1633–1640	Thomas Wentworth *Lord Deputy* in Irland
1641–1651	Aufstand des katholischen Irlands
1642	Katholische Konföderation von Kilkenny
1649–1650	Oliver Cromwell in Irland
1652–1654	«*Cromwellian Settlement*»: Neuverteilung des irischen Grundbesitzes
1689–1691	«Krieg der zwei Könige» Jakobs II. gegen Wilhelm III. in Irland
1689	Belagerung von Londonderry
1690	Entscheidender Sieg Wilhelms III. am Fluss Boyne
1691	Friede von Limerick
1695	Beginn der Zwangsgesetzgebung (*Penal Laws*) gegen die irischen Katholiken
1719	*Declaratory Act*: Irische Gesetzgebung wird allein dem Parlament von Westminster unterstellt
1740–1741	Schwere Hungersnot in Irland
1778	Gründung der *Volunteers*
1782	Aufhebung des *Declaratory Act*, politische Gleichberechtigung Irlands
1791	Theobald Wolfe Tone veröffentlicht ‹An Argument on Behalf of the Catholics in Ireland›. Gründung der *United Irishmen*
1798	Aufstand der *United Irishmen*
1801	Staatsrechtliche Union Großbritanniens und Irlands zum Vereinigten Königreich
1823	Daniel O'Connell gründet die *Catholic Association*
1829	*Catholic Emancipation Act*: Politische Gleichberechtigung der Katholiken

1840	O'Connell gründet die *Repeal Association*
1845–1849	Große Hungersnot in Irland
1850	Gründung der Pächterliga
1858	Gründung der *Irish Republican Brotherhood* in Irland und der Fenier-Bewegung in New York
1867	Aufstand der Fenier in Irland
1868–1874	Erstes Kabinett William Gladstone
1869	«*Disestablishment*»: Trennung von Staat und Kirche
1870	Erstes Landgesetz. Isaac Butt gründet die Home-Rule-Liga
1879	Gründung der Landliga
1880–1885	Zweites Kabinett Gladstone
1881	Verbot der Landliga, zweites Landgesetz
1886	Drittes Kabinett Gladstone. Die britischen Konservativen gehen eine enge Verbindung mit den irischen Unionisten ein. Erste Home-Rule-Gesetzesvorlage Gladstones scheitert im Unterhaus. Spaltung der Liberalen. Wochenlange Tumulte in Belfast
1892–1894	Viertes Kabinett Gladstone
1892	*Ulster Convention* in Belfast: Bekräftigung des Bündnisses der Konservativen mit den Unionisten
1893	Zweite Home-Rule-Gesetzesvorlage scheitert am Veto des Oberhauses
1904	Gründung des *Ulster Unionist Councils* als unionistische Dachorganisation
1905	Gründung der radikalnationalistischen Partei *Sinn Féin*
1908–1916	Liberale Regierung Asquith
1911	Edward Carson wird Vorsitzender des UUC. Beginn der Vorbereitungen zum bewaffneten Widerstand gegen Home-Rule
1912	Große gemeinsame Kundgebungen von Konservativen und Unionisten. «*Ulster Day*». Erste Pläne zur Teilung Irlands
1913	Dritte Home-Rule-Vorlage wird vom Unterhaus angenommen. Gründung der paramilitärischen Gruppierungen *Ulster Volunteer Force* und *Irish Volunteers*. Schwere Ausschreitungen in Londonderry und Belfast
1914	Home-Rule wird Gesetz. Nach dem Ausbruch des Ersten Weltkriegs wird die UVF der britischen Armee unterstellt. Spaltung der *Irish Volunteers*
1916	Osteraufstand der IRB in Dublin
1918	Unterhauswahlen, *Sinn Féin* gewinnt 75 der 105 irischen Wahlkreise

1919	Die irisch-katholischen Abgeordneten gründen den *Dáil Eireann*, wählen eine provisorische Regierung unter Eamon de Valera
1919–1921	Anglo-irischer Unabhängigkeitskrieg
1920	*Government of Ireland Act*: Politische Teilung Irlands
1920–1922	Bürgerkrieg in Nordirland
1921	Eröffnung des nordirischen Parlaments in Belfast, Wahl einer UUP-Regierung unter James Craig. Anglo-Irischer Vertrag: Der Süden Irlands wird zum Freistaat
1922–1923	Bürgerkrieg zwischen Vertragsgegnern und -befürwortern im Freistaat
1925	Scheitern der Grenzkommission
1937	Irland gibt sich eine neue Verfassung (*Éire*)
1939–1940	IRA-Kampagne in England
1941	Deutsche Luftangriffe auf Belfast
1949	Irland erklärt sich zur unabhängigen Republik. *Ireland Act*: Bekräftigung der Zugehörigkeit Ulsters zum Vereinigten Königreich
1956–1962	«Grenzkampagne» der IRA
1963	Terence O'Neill wird nordirischer Premierminister
1964	Gründung der ersten Bürgerrechtsbewegungen in Nordirland
1967	Gründung der Bürgerrechtsorganisation NICRA
1968	Massive Auseinandersetzungen auf den Straßen Nordirlands zwischen Katholiken, Protestanten und der Polizei
1969	Eskalation der Straßenschlachten. Rücktritt O'Neills. Erster Einsatz britischer Soldaten in Nordirland. Spaltung der IRA in OIRA und PIRA
1970	Gründung der SDLP
1971	Internierungsaktion. Gründung der DUP durch Ian Paisley
1972	«Blutsonntag» in Londonderry: Die britische Armee erschießt 14 Demonstranten. Aufhebung der nordirischen Eigenstaatlichkeit zugunsten britischer Direktherrschaft
1973	«Sunningdale»: Versuch, die nordirische Selbstverwaltung wieder herzustellen und eine Machtteilung zwischen Protestanten und Katholiken durchzusetzen.
1974	Unionistischer Generalstreik lässt Sunningdale-Plan scheitern
1976	Gerry Adams und Martin McGuinness gewinnen die Kontrolle über die republikanische Bewegung

1981	Hungerstreik republikanischer Häftling im Maze-Gefängnis, zehn sterben
1984	Anschlag der IRA auf Premierministerin Thatcher in Brighton misslingt
1985	*Anglo-Irish Agreement* über Nordirland zwischen der Republik Irland und Großbritannien
1987	Anschlag der IRA in Enniskillen, elf Zivilisten sterben
1988	Erste Gespräche zwischen den Vorsitzenden der SDLP, Hume, und *Sinn Féins*, Adams
1990	Nordirlandminister Brooke erklärt, Großbritannien habe kein strategisches Interesse an Nordirland
1991–1992	Brooke-Mayhew-Gespräche über Nordirland
1993	‹Downing Street Declaration› Großbritanniens und Irlands
1994	Waffenstillstand der IRA und der Loyalisten
1995	Erste Eskalation der Auseinandersetzung um den Oranier-Marsch in Drumcree (bis 1999 jedes Jahr)
1996	IRA beendet Waffenstillstand. Report der Mitchell-Kommission
1997	Erneuter Waffenstillstand der IRA. Beginn der Allparteien-Gespräche über Frieden in Nordirland
1998	Karfreitags-Friedensabkommen, findet in Nordirland und der Republik große Mehrheit. Bombenanschlag der Splittergruppe RIRA in Omagh kostet 29 Menschenleben
1999	Die nordirischen Regierung unter David Trimble tritt ihr Amt an. Mehrfache Suspendierung der Selbstverwaltung durch die britische Regierung (2000, 2001 und 2002–2004)
2001	Polizeireform: RUC wird zum PSNI
2003	Wahl zur nordirischen Regionalversammlung, die radikalen Parteien beider Lager (*Sinn Féin* und DUP) werden stärkste Kräfte
2004	Versuche, die DUP in Regierungsverantwortung einzubinden, scheitern mehrfach. Die nordirische Selbstverwaltung bleibt ausgesetzt.

Personenregister

Adams, Gerry (*1948, Präsident von *Sinn Féin* seit 1983) 98, 112 f., 116, 122, 124, 127 ff., 131

Ahern, Bertie (*1951, irischer Premierminister seit 1997, *Fianna Fáil*) 133, 139

Andrews, John (1871–1956, nordirischer Premierminister 1940–1943, UUP) 71

Anna (1665–1714, Königin von England 1702–1714) 25

Asquith, Herbert Henry (1852–1928, britischer Premierminister 1908–1916, Liberale) 52, 56, 57 f., 60

Attlee, Clement (1883–1967, britischer Premierminister 1945–1951, Labour) 79 f.

Balfour, Arthur (1848–1930, britischer Politiker) 54

Blair, Tony (*1953, britischer Premierminister seit 1997, Labour) 132, 133 f., 138 ff.

Blount, Charles, Lord Mountjoy (1563–1606, *Lord Deputy* in Irland 1600–1606) 12

Brooke, Basil, Viscount Brookeborough (1888–1973, nordirischer Premierminister 1943–1963, UUP) 76, 80, 81, 83 f.

Brooke, Peter (*1934, britischer Nordirlandminister 1989–1992) 125 ff., 129

Bruton, John (*1947, irischer Premierminister 1994–1997, *Fine Gael*) 129, 131, 133

Butler, James, Earl of Ormond (1610–1688, *Lord Deputy* in Irland 1644–1650, 1662–1669 und 1677–1685) 20

Butt, Isaac (1813–1879, irisch-nationalistischer Politiker) 44

Callaghan, James (*1912, britischer Premierminister 1976–1979, Labour) 94

Campbell-Bannermann, Henry (1836–1908, britischer Premierminister 1906–1908, Liberale) 51 f.

Carson, Edward (1854–1935, unionistischer Politiker) 53, 56, 58 f., 61, 65

Chamberlain, Joseph (1863–1937, britischer Politiker) 49

Chamberlain, Neville (1869–1940, britischer Premierminister 1937–1940, Konservative) 77

Chichester, Arthur (1563–1625, *Lord Deputy* in Irland 1604–1614) 13